Pierre Dunia Mastaki

L'Eglise, une communion d'Eglises locales diversifiées selon Tillard

Pierre Dunia Mastaki

L'Eglise, une communion d'Eglises locales diversifiées selon Tillard

Comprendre la catholicité de l'Eglise aujourd'hui

Presses Académiques Francophones

Impressum / Mentions légales

Bibliografische Information der Deutschen Nationalbibliothek: Die Deutsche Nationalbibliothek verzeichnet diese Publikation in der Deutschen Nationalbibliografie; detaillierte bibliografische Daten sind im Internet über http://dnb.d-nb.de abrufbar.
Alle in diesem Buch genannten Marken und Produktnamen unterliegen warenzeichen-, marken- oder patentrechtlichem Schutz bzw. sind Warenzeichen oder eingetragene Warenzeichen der jeweiligen Inhaber. Die Wiedergabe von Marken, Produktnamen, Gebrauchsnamen, Handelsnamen, Warenbezeichnungen u.s.w. in diesem Werk berechtigt auch ohne besondere Kennzeichnung nicht zu der Annahme, dass solche Namen im Sinne der Warenzeichen- und Markenschutzgesetzgebung als frei zu betrachten wären und daher von jedermann benutzt werden dürften.

Information bibliographique publiée par la Deutsche Nationalbibliothek: La Deutsche Nationalbibliothek inscrit cette publication à la Deutsche Nationalbibliografie; des données bibliographiques détaillées sont disponibles sur internet à l'adresse http://dnb.d-nb.de.
Toutes marques et noms de produits mentionnés dans ce livre demeurent sous la protection des marques, des marques déposées et des brevets, et sont des marques ou des marques déposées de leurs détenteurs respectifs. L'utilisation des marques, noms de produits, noms communs, noms commerciaux, descriptions de produits, etc, même sans qu'ils soient mentionnés de façon particulière dans ce livre ne signifie en aucune façon que ces noms peuvent être utilisés sans restriction à l'égard de la législation pour la protection des marques et des marques déposées et pourraient donc être utilisés par quiconque.

Coverbild / Photo de couverture: www.ingimage.com

Verlag / Editeur:
Presses Académiques Francophones
ist ein Imprint der / est une marque déposée de
OmniScriptum GmbH & Co. KG
Heinrich-Böcking-Str. 6-8, 66121 Saarbrücken, Deutschland / Allemagne
Email: info@presses-academiques.com

Herstellung: siehe letzte Seite /
Impression: voir la dernière page
ISBN: 978-3-8416-3714-7

INTRODUCTION GÉNÉRALE

A. Avant-propos

Depuis le Concile Vatican II, le thème de « communion ecclésiale » est au centre de la recherche théologique en Ecclésiologie. L'on remarque aujourd'hui une grande production littéraire dans le domaine de l'ecclésiologie de communion. Cet intérêt est aussi lié au fait que l'ecclésiologie de communion est l'idée centrale qui relie les seize documents conciliaires. Cette thématique a été davantage remise au centre de la réflexion théologique grâce aux travaux, dans la deuxième moitié du 20ème siècle, du Groupe des Dombes et des commissions du Conseil Œcuménique des Églises[1].

Tous ces travaux, en dépit de la diversité de leurs auteurs, s'accordent sur le principe que la communion ecclésiale intègre à la fois la communion des chrétiens et la communion des Églises locales qui confessent la foi commune dans le respect de la diversité pour témoigner de leur fidélité à l'Évangile[2]. Jean-Marie Roger Tillard s'inscrit dans la même logique lorsqu'il affirme que «la diversité des Églises locales et leur façon propre de vivre l'unique foi ne saurait mettre en cause leur communion mutuelle »[3].

C'est ainsi que l'idée de communion comme participation à la vie trinitaire est éclairée avec une intensité particulière dans l'évangile de Jean, où la communion d'amour qui lie le Fils au Père et aux hommes est, dans le même temps, le modèle et la source de la communion fraternelle, qui doit unir les disciples entre eux[4]. S'il est vrai que la communion ecclésiale trouve son fondement dans cette communion trinitaire, il n'est pas moins vrai qu'une tension liée à la différence demeure au sein de l'Église dans la mesure où toute identité particulière cherche à s'affirmer et à se conserver.

Jean-Marie Tillard considère que cette tension n'a pas été étrange à l'Église du premier siècle du christianisme. Dès le Nouveau Testament, constate-t-il, à cause de la diversité des milieux où naissent les Églises locales aux prises avec une situation complexe, les livres recueillant les traditions sur le ministère et les événements déterminants de la vie du Christ ne sont pas identiques. Ils expriment les

---

[1] Une production littéraire à ce sujet est abondante depuis la parution de l'ouvrage du GROUPE DES DOMBES, *Pour la communion des Églises. L'apport du groupe des Dombes 1937-1987*, Paris, Centurion, 1988.
[2] Cf. Alphonse BORRAS, *Délibérer en Église : communion ecclésiale et fidélité évangélique*, dans *N.R.T.*, 132 (2010), p. 178.
[3] Jean-Marie Roger TILLARD, *Communion*, dans Jean-Yves LACOSTE (éd.), *Dictionnaire critique de la théologie*, Paris, P.U.F., 2007, p. 291.
[4] Cf. BENOÎT XVI, *L'Église visage du Christ. Catéchèse sur l'Église des apôtres*, Paris, Cerf, 2007, p. 18.

traits, les problèmes concrets, la culture des communautés auxquelles leurs auteurs les destinent. Néanmoins, ces communautés demeuraient en communion en dépit de leur diversité[5].

C'est dans ce cadre précis que nous nous posons la question de savoir comment peut-on articuler, au sujet de la nature de l'Église, le « local » et « l'universel » dans le respect de la différence pour préserver cette communion ecclésiale ? Dans quelle mesure l'Église locale peut-elle prendre conscience de son identité « catholique » au sein de la communion ecclésiale ? C'est dans le but de répondre à ces questions que nous nous proposons, à la suite de Jean-Marie Roger Tillard, de réaliser ce travail sur l'**Église comme communion d'Églises locales diversifiées**.

L'hypothèse de lecture de Tillard ressort du fait que jusqu'à ce jour, aucun texte n'a démontré qu'une Église locale de l'époque apostolique ait rompu la communion avec une autre pour des raisons de différence culturelle[6]. Ainsi, il y a lieu de sortir de cette tension persistante entre communion et différence en considérant que la communion ecclésiale n'est ni fusion ni uniformité d'Églises locales.

Notre recherche est motivée par un constat selon lequel les Églises locales d'Afrique fonctionnent en dépendance et sous tutelle de la curie romaine à travers la Congrégation pour l'évangélisation des peuples au point qu'elles courent le danger d'ignorer que toute Église locale, y compris celle de Rome, revêt les caractéristiques qui lui sont reconnues : une, sainte, catholique et apostolique et que les structures d'organisation de l'unique Église de Dieu sont au service de la communion des Églises à travers et par laquelle se comprend l'Église Universelle. Nous voulons donc, par ce travail, montrer que l'unité ecclésiale dans la diversité des Églises locales relève de la nature même de l'Église de Dieu.

Pour atteindre notre objectif, nous présenterons d'abord la pensée de Tillard sur l'ecclésiologie de communion, essentiellement à travers ses trois ouvrages : *Église d'Églises. L'ecclésiologie de communion*, (Cogitatio Fidei, 143), Paris, Cerf, 1987 ; *Chair de l'Église, chair du Christ. Aux sources de l'ecclésiologie de communion*, (Cogitatio Fidei, 168), Paris, Cerf, 1992 et *L'Église locale. Ecclésiologie de communion et catholicité*, (Cogitatio Fidei, 191), Paris, Cerf, 1995.

À l'issue d'une appréciation de cette ecclésiologie et éclairé par les sources scripturaires, les différentes prises de position du magistère et des théologiens, nous proposerons, ensuite, un mode de « faire-Église » qui tienne compte à la fois du « local » et de « l'universel ». Quant à la méthodologie,

---

[5] Cf. Jean-Marie Roger TILLARD, *L'Église locale. Ecclésiologie de communion et catholicité* (*Cogitatio fidei*, 191), Paris, Cerf, 1995, p. 105-106.
[6] Cf. Jean-Marie TILLARD, *L'Église locale. Ecclésiologie de communion et catholicité*, p. 106.

nous nous efforcerons de faire une analyse des écrits de Tillard en en dégageant les traits fondamentaux d'une ecclésiologie de communion et les présenter de manière systématisée.

Conformément à la présentation des ouvrages de Tillard susmentionnés, notre travail sera constitué essentiellement de trois chapitres. Dans un premier temps nous exposerons la pensée de notre auteur sur la notion d'Église et dans un deuxième temps nous parlerons de la communion des Églises locales dont la différence constitue une richesse dans une unité harmonique. Au troisième chapitre nous chercherons à comprendre, avec Tillard, ce que c'est que la catholicité des Églises locales. Une appréciation critique de l'œuvre de notre auteur bouclera ce parcours en vue d'ouvrir de nouvelles perspectives de recherche en ecclésiologie de communion.

B. Vie et œuvres de Jean-Marie Roger Tillard[7]

1. Vie familiale

Né le 02 septembre 1927 sur l'île Saint-Pierre et Miquelon, territoire français (France d'Outre-mer), Roger Tillard est le fils de Fernand Tillard et de Madeleine Ferron qui se sont mariés sur l'Ile-aux-Marins qui s'appelait alors l'Ile aux-Chiens. C'est là que naquit Roger et qu'il reçut le baptême. Il était par sa mère parent de Mgr Auguste Diès, éditeur de Platon dans la collection de la Société Guillaume-Budé, spécialiste de la philosophie ancienne. La famille eut aussi Mgr Louis Duchesne, dont les travaux ont apporté beaucoup de points de vue nouveaux à l'étude du christianisme ancien[8].

Roger Tillard se lia d'amitié avec un élève de sa classe nommé Jean-Marie Bédard d'Ottawa. Comme Roger était seul et étranger, il fut pratiquement adopté par la famille Bédard. Celle-ci était réputée accueillante et ouverte aux personnes étrangères. Pour sceller cette amitié - cette fraternité d'adoption - Roger accolera toujours le prénom de Jean-Marie à son propre nom. Il sera pour toujours le frère Jean-Marie Roger Tillard, de l'Ordre des Frères Prêcheurs dans la Province Saint-Dominique du Canada[9].

---

[7] Nous nous inspirons ici du livre Gillian-Rosemary EVANS et Michel GOURGUES (éd.), *Communion et réunion. Mélanges Jean-Marie Roger Tillard*, Louvain, Presses Universitaires de Louvain, 1995 dont la première partie est consacrée à la biobibliographie de notre auteur. D'autres informations qui ne sont pas mentionnées dans l'ouvrage précité ont été fournies, à l'occasion des funérailles de J.-M.R. Tillard, par Dominique MAILHIOT. Nous les avons trouvés sur le site internet : http://www.ipastorale.ca/ressources/partnr/varia/Jean-Marie%20Roger%20Tillard,%20o.p.%20%281927-2000%29.pdf, (consulté le 3 octobre 2013).
[8] Cf. Dominique MAILHIOT, *Le professeur*, dans Gillian R. EVANS et Michel GOURGUES (éd.), *Communion et réunion. Mélanges Jean-Marie Roger Tillard*, Louvain, Presses Universitaires de Louvain, 1995, p. 21.
[9] Cf. Témoignage du Père Paul Gay, ancien professeur de Rhétorique de Roger TILLARD au Collège St-Alexandre de Limbourg en 1946-1947, en ligne : http://www.ipastorale.ca/ressources/partnr/varia/Jean-Marie%20Roger%20Tillard,%20o.p.%20%281927-2000%29.pdf, (consulté le 3 octobre 2013).

2. Études

Jean-Marie R. Tillard commença ses études au Collège des pères spiritains à Saint-Pierre et Miquelon. La guerre interrompt ses activités au Collège et il se retrouve au Canada où il poursuivra ses études au Collège Saint-Alexandre près d'Ottawa. Là, il fut remarquable par son enthousiasme et joua un rôle actif dans la rédaction du journal du Collège et fonda un groupe théâtral qui aura de succès au point de réaliser une tournée dans le Bas-Québec. Parmi les professeurs qui ont éveillé en lui l'amour des humanités il y a entre autres Aloys Gutzwiller et Paul Gay. L'on ne se surprendra pas, affirme Dominique Mailhiot, que l'univers humaniste de Tillard ait fait une place privilégiée à des écrivains comme Charles Péguy, François Mauriac, Georges Bernanos, qui ont porté sur leur temps un regard à la fois positif et exigeant[10]. « Le jeune collégien dévore la littérature nouvelle et, pour gagner quelque argent, écrit des discours, que prononceront dans des réunions littéraires certains personnages réputés intellectuels. L'un d'eux gagnera un prix, dont Tillard ne verra pas un centime, alors qu'il est l'auteur du texte primé »[11].

C'est en 1949 que Jean-Marie R. Tillard adressa au père Jean-Marie Dionne, alors père-maître du noviciat, sa demande d'entrée dans l'Ordre dominicain. Il fut admis et commença son noviciat le 14 septembre 1949. Il fit sa profession simple à Saint-Hyacinthe, le 15 septembre 1950.

Il fit ses études philosophiques au Collège dominicain d'Ottawa et à l'Université Saint-Thomas d'Aquin (Angelicum) à Rome où il obtint un doctorat en philosophie en 1953. Sa thèse, qui avait pour titre, *Le bonheur selon la conception de saint Thomas d'Aquin,* fut publiée à Ottawa en 1953. Il fit sa profession solennelle, le 15 septembre 1953.

Tillard poursuivit ses études théologiques au Saulchoir. Ce couvent dominicain d'études de la Province de France lui offrit une approche théologique de la foi chrétienne avec un fond thomiste. Il ne s'agissait cependant pas d'étudier saint Thomas à travers les grands commentateurs, qui étaient du reste bien connus, mais de retrouver la vie du texte même de Thomas d'Aquin[12].

En plus de son intérêt sur la philosophie aristotélicienne pratiquée par Thomas d'Aquin, Tillard s'intéressait vivement aux courants philosophiques qui ont marqué son époque. Certains témoins mentionnent, entre autres, le courant personnaliste, représenté alors par Emmanuel Mounier, et un attrait tout spécial pour Albert Camus, qu'il considérera comme l'un de ceux dont la pensée l'a le plus marqué. Tillard se trouvait en outre au confluent d'un renouveau de la théologie thomiste. Il était

---

[10] Cf. Dominique MAILHIOT, *Le professeur*, dans Gillian R. EVANS et Michel GOURGUES (éd.), *Op. Cit.*, p. 21.
[11] Cf. Dominique MAILHIOT, *Art. Cit.*, dans Gillian R. EVANS et Michel GOURGUES (éd.), *Op. Cit.*, p. 21.
[12] Cf. Dominique MAILHIOT, *Art. Cit.*, dans Gillian R. EVANS et Michel GOURGUES (éd.), *Op. Cit.*, p. 21.

au contact des professeurs dont la vocation dominicaine rendait sensibles aux questions qui surgissaient et aux approches développées par les sciences humaines, surtout au contexte de la théologie qui est la foi vivante de la communauté croyante[13]. « Tillard est demeuré fidèle à ce terreau de ses premières études théologiques. Son milieu de réflexion sera celui d'un couvent où la célébration solennelle de la liturgie, le climat de prière et de contemplation, une vie fraternelle partageant non seulement le toit et la table mais aussi la réflexion sur la foi, sont inséparables des études »[14]. Il obtint la licence et le lectorat en théologie aux Facultés du Saulchoir en 1957[15].

À propos de la recherche théologique sur l'anglicanisme, il reçut en 1981 la décoration de « l'Ordre de Saint-Augustin de Cantorbéry ». Outre qu'il fut reconnu « maître de la sacrée théologie » au chapitre général de l'Ordre des prêcheurs en 1967, Jean-Marie R. Tillard reçut le doctorat *honoris causa* du Trinity Collège de Toronto en 1978 et en 1980 de l'Université Saint-Michel. Enfin, il fut créé en 1997 « Chevalier de la légion d'honneur » pour sa contribution au prestige de la culture française. Il est décédé le 13 novembre 2000[16].

3. Théologien et professeur

Expert et conseiller théologique de l'épiscopat canadien au concile Vatican II (1962-1965), Tillard participa à cet événement, qu'il suivit de très près comme en témoigne, notamment, dans la longue liste de ses écrits, une série des comptes rendus rédigés et échelonnés tout au long de l'automne 1965.

C'est ainsi qu'en 1995, dans le sillage du trentième anniversaire du Concile Vatican II, un colloque fut organisé par le collège dominicain d'Ottawa à l'occasion du lancement des Mélanges scientifiques offerts en hommage au Père Tillard sous le titre *Communion – Réunion. Mélanges Jean-Marie Roger Tillard*[17].

Par la suite, il fut président de la Société canadienne de théologie (1965-1968) et membre des commissions pour l'unité des Églises à savoir la commission nationale pour l'union des Églises catholique et anglicane à Ottawa et la commission œcuménique internationale mixte pour l'unité organique de l'Église catholique romaine et de l'Église anglicane. De 1978 à 1986, Tillard fut membre

---

[13] Cf. Dominique MAILHIOT, *Art. Cit.*, dans Gillian R. EVANS et Michel GOURGUES (éd.), *Op. Cit.*, p. 22.
[14] Dominique MAILHIOT, *Art. Cit.*, dans Gillian R. EVANS et Michel GOURGUES (éd.), *Op. Cit.*, p. 22
[15] Cf. Dominique MAILHIOT, *Art. Cit.*, dans Gillian R. EVANS et Michel GOURGUES (éd.), *Op. Cit.*, p. 22-23.
[16] Cf. Jean-Marie Roger TILLARD, *Je crois en dépit de tout. Entretiens d'hiver avec Francesco Strazzari*, Paris, Cerf, 2001, p. 103.
[17] Cf. *Bibliographie de Jean-Marie Roger Tillard*, dans Gillian R. EVANS et Michel GOURGUES (éd.), *Op. Cit.*, p. 6-7.

de plusieurs commissions du Conseil œcuménique des Églises dont *Foi et Constitution* au sein de laquelle il fut choisi comme vice-président[18].

De ses activités professorales nous retiendrons qu'aussitôt après ses études théologiques en 1957, Tillard se voit confier, à l'Université de Laval, l'enseignement de traités dogmatiques à savoir la théologie trinitaire, la christologie et la théologie sacramentaire qui sont demeurées des pièces centrales de sa réflexion. Professeur à la Faculté de théologie du Collège dominicain de philosophie et théologie d'Otawa à partir de 1957, Tillard deviendra professeur Titulaire à la même Faculté en 1960 et maître des études au même Collège dominicain d'Otawa en 1981[19].

Il donnera aussi des cours au département des sciences religieuses de l'Université d'Ottawa et enseignera le traité de la Trinité et la christologie à *Sedes Sapientiae* (l'actuelle Université Saint-Paul). Certains de ses étudiants devenus évêques témoignent qu'avec Tillard, la théologie devenait nourriture pour l'apostolat, parlant ainsi du souci qui animait le Professeur dans ses enseignements, de répondre aux besoins pastoraux de l'Église[20].

L'institut dominicain de pastorale de Montréal lui demanda aussi de dispenser un grand nombre de cours si bien que son existence prit de plus en plus l'allure de celle d'un frère pérégrinant. Pendant 15 ans Tillard donnera des sessions de cours au Centre international Lumen Vitae à Bruxelles et sera invité dans d'autres Universités comme à Salamanque, à Barcelone. Il collaborera aussi à l'enseignement théologique de la Faculté de théologie de l'Université de Fribourg[21].

Pendant ce temps, il publia plusieurs articles de revue et plusieurs ouvrages que nous pouvons regrouper en deux domaines particuliers : la théologie de la vie religieuse de 1957 à 1975 et l'ecclésiologie de communion de 1975 à 2000[22]. C'est ce dernier domaine de recherche qui nous intéresse présentement dans le cadre de notre travail. Nous mentionnons ici les ouvrages qui constituent le noyau de son ecclésiologie de communion et qui sont, pour nous, les principales sources :

- *L'évêque de Rome*, Paris, Cerf, 1982.

---

[18] Cf. Dominique MAILHIOT, *Biographie de Jean-Marie Roger Tillard*, en ligne :
http://www.ipastorale.ca/ressources/partnr/varia/Jean-Marie%20Roger%20Tillard,%20o.p.%20%281927-2000%29.pdf, (consulté le 3 octobre 2013).
[19] Cf. Dominique MAILHIOT, *Le professeur*, dans Gillian R. EVANS et Michel GOURGUES (éd.), *Op. Cit.*, p. 23-25.
[20] Cf. Dominique MAILHIOT, *Biographie de Jean-Marie Roger Tillard*, en ligne :
http://www.ipastorale.ca/ressources/partnr/varia/Jean-Marie%20Roger%20Tillard,%20o.p.%20%281927-2000%29.pdf, (consulté le 3 octobre 2013).
[21] Cf. Dominique MAILHIOT, *Art. Cit.*, dans Gillian R. EVANS et Michel GOURGUES (éd.), *Op. Cit.*, p. 23-24.
[22] Cf. Dominique MAILHIOT, *Biographie de Jean-Marie Roger Tillard*, en ligne :
http://www.ipastorale.ca/ressources/partnr/varia/Jean-Marie%20Roger%20Tillard,%20o.p.%20%281927-2000%29.pdf, (consulté le 3 octobre 2013).

-Église d'Églises. L'ecclésiologie de communion (Cogitatio Fidei, 143), Paris, Cerf, 1987.

-Chair de l'Église, chair du Christ. Aux sources de l'ecclésiologie de communion (Cogitatio Fidei, 168), Paris, Cerf, 1992.

- L'Église locale. Ecclésiologie de communion et catholicité (Cogitatio Fidei, 191), Paris, Cerf, 1995.

Somme toute, les traits de la culture intellectuelle et de la personnalité de Tillard peuvent se résumer en ces termes :

> « Théologien de renommée internationale, expert au concile Vatican II, écrivain de valeur, homme passionné de dialogue tant avec le monde orthodoxe qu'avec le monde anglican. De stature imposante, élégant, avec un regard profond qui trahissait un je-ne-sais-quoi de triste même lorsqu'il faisait des plaisanteries pleines d'humour. On pouvait le rencontrer dans les rassemblements œcuméniques, ou dans les assemblées et instances universitaires du monde entier »[23].

Au final, l'œuvre ecclésiologique de Tillard, dont la liste complète est dressée dans l'ouvrage *Communion et Réunion*[24], est traversée par le thème du sens de « l'Église de Dieu » que nous présentons dans les lignes qui suivent.

---

[23] Jean-Marie Roger TILLARD, *Je crois en dépit de tout. Entretien d'hiver avec Francesco Strazzari*, Paris, Cerf, 2001, p. 97.

[24] Cf. *Bibliographie de Jean-Marie Roger Tillard*, dans Gillian R. EVANS et Michel GOURGUES (éd.), *Op. Cit.*, p. 5-20.

Chap. I. LA NOTION D'ÉGLISE CHEZ JEAN-MARIE R. TILLARD

Introduction

Qu'est-ce que l'Église ? Cette question qui a toujours été au cœur des recherches en ecclésiologie depuis l'époque patristique[25] est aussi centrale dans l'œuvre de Tillard sur l'ecclésiologie de communion[26]. Sans vouloir proposer une réponse toute faite en termes de définition, notre auteur attire l'attention de ses lecteurs sur le fait qu'on ne peut comprendre ce qu'est l'Église que par et dans la communion des Églises. Nous voulons préalablement présenter la pensée de Tillard sur la notion d'Église en recourant, comme lui, aux sources scripturaires, patristiques et aux contributions récentes des recherches en ecclésiologie post-Vatican II.

Disons que l'hypothèse de lecture et d'analyse dans cette première démarche est que si l'article de foi en l'unicité, l'apostolicité, la catholicité et la sainteté de l'Église est toujours d'actualité dans l'ensemble de la réflexion théologique, il est alors susceptible d'argumentation pour plus de crédibilité.

Ce premier chapitre sera émaillé de trois parties à savoir la notion d'Église de Dieu ; l'Église, unique peuple de Dieu et la catholicité de l'Église. Les deux premières parties s'inscrivent dans la logique de la présentation d'*Église d'Églises. L'ecclésiologie de communion* en ses deux premiers chapitres qui traitent les thèmes de l'Église de Dieu dans le dessein de Dieu et de l'Église de Dieu, peuple de Dieu en communion. Quant à la troisième partie de ce chapitre, nous nous référerons à l'ouvrage *L'Église locale. Ecclésiologie de communion et catholicité*. En effet, Tillard consacre la première partie de cet ouvrage à l'aspect de la catholicité de l'Église en général, qu'il n'avait pas traité dans le premier. Ceci prouve aussi l'unité de l'œuvre ecclésiologique de notre auteur.

---

[25] Cf. André BIRMELÉ, *Ecclésiologie*, dans Jean-Yves LACOSTE, *Dictionnaire critique de théologie*, Paris, Cerf, 2007, p. 433-434.
[26] À titre illustratif, Jean-Marie Roger TILLARD consacre une bonne partie de son livre *Église d'Églises. L'ecclésiologie de communion*, soit des pages 13-215, à la « notion d'Église ».

A. La notion d'Église de Dieu

Lorsque Tillard entraîne son lecteur à la compréhension du sens de l'Église, il ne s'empêche pas de relever la difficulté à harmoniser les diverses perceptions qui touchent à la nature et la mission de l'Église. L'ensemble du Nouveau Testament, dit-il, témoigne de cette diversité de points de vue sur le sens de l'Église. Il suffit de le lire pour se rendre compte que

> « la façon dont on comprend la relation entre Israël et la nouvelle communauté n'est pas la même dans la lettre aux Éphésiens, la littérature johannique, l'épître aux Hébreux ; la manière dont la diffusion de la Bonne Nouvelle est présentée diffère dans l'évangile selon Jean, qui insiste sur le témoignage, et les Actes des Apôtres, qui semblent privilégier l'annonce ; l'accent de la tradition johannique sur la relation immédiate entre le croyant, l'Esprit et le Christ contraste avec celui que les lettres pastorales mettent sur la structuration des ministères »[27].

L'unité de ces diverses visions de l'Église se trouve dans leur unique fondement qu'est la foi au Christ Jésus. Au fait, la certitude de base qui réconcilie les accents différents sur l'Église, c'est « qu'on appartient à la communauté du Seigneur Jésus Christ, communauté de salut, venant de Dieu, reliée à la promesse, née de la foi, chargée de garder fidèlement le contenu de la Bonne Nouvelle »[28].

Ainsi, l'identité de l'Église s'affirmera, tout au long de l'histoire, plus par la vie que par les textes officiels. Tels furent les témoignages des Pères de l'Église et les actes des martyrs. Dans cette perspective, Tillard postule que pour cerner le sens de l'Église, il faut tenir qu'elle est « un fait d'expérience dont on cherche guère à élaborer la théorie. L'être ecclésial est ce qui s'actualise dans la confession de la même foi et la célébration des mêmes sacrements, la même résistance aux déformations de l'enseignement des Apôtres, la pratique de la même charité, les mêmes fruits de sainteté trouvant leur sommet dans le martyre »[29].

Il en ressort que la notion d'Église chez Tillard renvoie à l'expérience des premières communautés chrétiennes qui se sont constituées, chacune, en assemblée convoquée par Dieu sous forme du *Qahal* hébreu (cf. Dt 9,10). Nous découvrirons, à la suite de Tillard, que l'Église de Dieu qui a surgi de l'événement pentecostal est la réalisation du dessein de Dieu qui veut rassembler toutes les nations.

---

[27] J.-M.R. TILLARD, *Église d'Églises*, p. 13.
[28] J.-M.R. TILLARD, *Église d'Églises*, p. 13-14.
[29] J.-M.R. TILLARD, *Église d'Églises*, p. 14.

1. Aux sources des premières communautés chrétiennes

Une réflexion théologique sur l'Église ne peut se contenter, à la suite des résultats d'études spécialisées du Nouveau Testament, de relire une pensée plus proche de l'enseignement de Jésus qui, du reste, n'a pas nommé sa communauté "Église". Ce qu'il faut pour le théologien qui se propose de dégager avec quelque objectivité la certitude de foi qui explique et sous-tend l'article du symbole "confessant" l'Église[30] c'est « percevoir le fil conducteur menant de l'expérience variée des premières communautés à la grande affirmation qui constitue une norme officielle de la foi. Sa tâche est donc de saisir la lecture du témoignage apostolique qui, dans l'Esprit Saint, est peu à peu apparue dans l'ensemble des communautés chrétiennes comme la plus cohérente avec leur propre nature »[31].

Cette conviction de notre auteur que nous partageons est fondamentalement la raison d'aller aux sources des premières communautés chrétiennes dans ce qui fait leur unanimité sur la perception de l'être Église malgré la différence liée à la pratique ecclésiale.

Ce qui encourage Tillard dans cette tâche ardue, c'est le fait qu'il « s'appuie sur la conviction que l'Esprit Saint n'a pas été étranger au processus de prise de conscience, de clarification et d'articulation du donné de foi qui aboutit au *Credo*. Ce processus – qu'on ne saurait identifier sans nuances avec la théorie du développement du dogme – est inséparable de ce que les "vieilles Églises" nomment la Tradition »[32].

Fort de ce rôle dévolu à l'Esprit Saint dans l'intelligence de la foi et la prise de conscience d'être "Église" par les premiers croyants, nous pouvons, dans la quête du sens de l'Église de Dieu, revoir son contexte de surgissement.

---

[30] Cf. J.-M.R. TILLARD, *Église d'Églises*, p. 14-15.
[31] J.-M.R. TILLARD, *Église d'Églises*, p. 15.
[32] J.-M.R. TILLARD, *Église d'Églises*, p. 15.

2. Contexte de Surgissement de l'Église de Dieu

Nous voulons ici procéder à une analyse des indices de surgissement de l'Église de Dieu selon Tillard, en vue d'y découvrir des éléments incitant à porter un nouveau regard sur la Tradition quant au sens de l'Église et à sa mission dans le monde.

a. L'événement de Pentecôte

Disons, pour commencer, que l'événement de Pentecôte domine et conditionne la vision de l'Église qui s'est imposée à la conscience chrétienne d'être une communauté dont les membres sont diversifiés.

En effet, affirme Tillard, « il ne nous semble pas exagéré d'affirmer que la venue de l'Esprit sur les Apôtres au jour de la cinquantaine apparaît alors sinon comme l'origine de l'Église – qui est souvent cherchée dans le coup de lance faisant jaillir l'eau et le sang ou dans la rencontre du Seigneur et des siens le soir de la Résurrection – du moins comme la manifestation (*epiphaneia*) de sa nature »[33].

Cet Esprit Saint était déjà objet de demande au temps de David, selon le témoignage d'Irénée de Lyon qui en parlait en ces termes : « c'est cet Esprit que David avait demandé pour le genre humain en disant : "et par ton Esprit qui dirige, affermis-moi". C'est encore cet Esprit dont Luc nous dit qu'après l'ascension du Seigneur il est descendu sur les disciples, le jour de la Pentecôte, avec pouvoir sur toutes les nations pour les introduire dans la vie »[34]. Il y a lieu donc de trouver là les premiers germes de l'Église.

Saint Irénée peut justement dire que « le Seigneur avait promis de nous envoyer un Paraclet qui nous accorderait à Dieu. Car, comme de farine sèche on ne peut, sans eau, faire une seule pâte et un seul pain, ainsi nous (sic), qui étions une multitude, nous ne pouvions non plus devenir un dans le Christ Jésus sans l'Eau venue du ciel »[35]. C'est donc en vertu de l'action de l'Esprit Saint que l'Église se veut être la maison de la vérité et du salut. Elle est, en effet, fondée sur les Écritures qu'elle conserve dans la fidélité à la prédication apostolique[36].

---

[33] J.-M.R. TILLARD, *Église d'Églises*, p. 16.
[34] IRENÉE, *Adversus haereses*, III, 17,2-3, cité par J.-M.R. TILLARD, *Église d'Églises*, p. 102.
[35] IRENÉE, *Adversus haereses*, III, 17,2-3, cité par J.-M.R. TILLARD, *Église d'Églises*, p. 102.
[36] Cf. J.-M.R. TILLARD, *Église d'Églises*, p. 13-14.

b. La cellule mère de l'Église

Un deuxième indicateur du sens et de la mission de l'Église est ce que Tillard appelle la cellule mère de l'Église. En effet, toute l'importance accordée à l'événement de la Pentecôte est liée à cette recherche de « la cellule mère de l'Église dans le groupe, non organisé, de ceux et celles que les *acta* et *dicta* de Jésus avaient rassemblé autour de lui, depuis le baptême dans le Jourdain où Dieu lui avait "conféré l'onction d'Esprit Saint et de puissance" (Ac 10,38) »[37].

Ce groupe forma ainsi la « communauté de bénéficiaires des bontés de Dieu, communauté de disciples autour du Jésus visible, audible, tangible, encore en marche vers la mort qui scellera son mystère de Sauveur, telle serait alors l'Église en son *initium* »[38].

Ainsi la spécificité de l'équipe apostolique quant aux origines de l'Église est liée au fait qu'elle constitue un noyau le plus intimement relié à Jésus et le plus étroitement associé à sa mission.

Cependant ce petit groupe n'est nullement un organisme qui structure la communauté d'une multitude des disciples. D'ailleurs, constate notre auteur, les paroles conférant à l'équipe apostolique son autorité sont au futur (Mt 16,18 ; 19,28 ; Lc 22,28-30), il y a lieu d'interpréter les paroles de Jésus comme pouvant valoir pour toute la communauté y compris ceux et celles qui en feront partie tel que nous le lisons dans le récit de Mt 18,18[39].

Peut-on uniquement se situer au niveau de l'équipe *ante resurrectionem* pour chercher la cellule mère de l'Église ? Ne risquons-nous pas d'oublier les grands changements pour ne pas dire les grands bouleversements apportés par l'événement événementiel de Pâques ? Écoutons Tillard qui précise :

> « trouver ainsi la cellule mère de l'Église dans la foule "autour de Jésus", c'est risquer d'oublier le changement du tout au tout que la Résurrection du Crucifié produira précisément dans le noyau apostolique, changement qui de toute évidence conditionnera l'expansion de l'Évangile et la prise de conscience de l'être ecclésial d'une façon radicale »[40].

Par ailleurs,

> « Il est intéressant de noter qu'il devient alors difficile de donner sa pleine signification ecclésiale au dernier repas de Jésus, où les douze (Mt 16,20 ; Mc 14,17.30 ; Lc 22,30), les Apôtres (Lc 22,14), sont prophétiquement mis en présence de leur rôle eschatologique (Lc 22,14 ; cf. Mt 26,29 ; Mc 14,25). On pourrait dire que cette vision considère l'Église plus

---

[37] J.-M.R. TILLARD, *Église d'Églises*, p. 16.
[38] Cf. J.-M.R. TILLARD, *Église d'Églises*, p. 16-17.
[39] Cf. J.-M.R. TILLARD, *Église d'Églises*, p. 17.
[40] J.-M.R. TILLARD, *Églises d'Églises*, p. 17.

comme une addition de disciples, reliés par la relation de chacun à la personne de Jésus, que comme une expérience commune de la grâce de Dieu »[41].

Une lecture attentive du Nouveau Testament permet à Tillard de recentrer sa réflexion sur le rassemblement post-pascal qui fait des disciples du Christ une communauté spécifique : l'*Ekklesia*.

Il l'explique en ces termes :

> « le Nouveau Testament ne parle d'Église que pour désigner le groupe de ceux et de celles qui, après Pâques, croient en la Résurrection. Et cela, bien qu'au moment de la mise par écrit des traditions synoptiques le terme soit déjà employé. Le cas de Luc est typique : alors que le mot *Ekklesia* n'apparaît nulle part dans son premier livre, il l'utilise au moins seize fois dans les Actes. Est-ce un hasard ? À lire et relire les textes principaux du Nouveau Testament, dans l'ensemble des traditions qui les composent, on acquiert la conviction que, pour eux, la réalité de l'*Ekklesia* est radicalement inséparable de l'événement de la Mort-Résurrection. Cette relation ne vient pas uniquement de ce que cet Événement signifie une continuité "par de-là la mort" avec le Jésus qui "est passé en faisant le bien". Elle vient surtout de ce qu'il implique aussi une nouveauté, voire une rupture. Ce sont la nouveauté et la rupture qui s'identifient à l'ouverture des temps eschatologiques. L'*Ekklesia* est tout entière saisie dans cette nouveauté. Aussi son lien avec la communauté d'avant Pâques dépend-il du lien entre les *acta* et *dicta* de Jésus et ce qui est survenu à celui-ci, par l'Esprit Saint, à la Résurrection. Hors de la tension entre continuité et rupture qui caractérise l'Événement Mort-Résurrection, il n'est pas de réalité formellement chrétienne. Hors de la percée des temps eschatologiques dans le temps du monde, il n'est pas d'*Ekklesia* »[42].

C'est ainsi que pour les chrétiens des premiers siècles, l'Église se révèle dans le récit de la pentecôte tel que les Actes le transmettent. Nous reconnaissons par ailleurs, à la suite de Tillard, que l'auteur des Actes ne parle pas d'Église au chapitre deuxième où il est question de l'événement de la Pentecôte mais pour lui, le résultat immédiat du don de l'Esprit est la communauté des sauvés (Ac 2,38-40) dont il est question en Ac 5,11 et qu'il désignera par le terme Église. Cette dernière se caractérise par la solidarité entre les membres, l'accueil du témoignage apostolique en communion de prière, de foi et de partage[43].

Eu égard à ce qui précède, l'origine de l'Église se situe dans l'action de l'Esprit Saint et la puissance du Seigneur Jésus en lien avec le témoignage apostolique. De ce point de vue, l'importance des Apôtres est due au fait que eux seuls peuvent témoigner de la Mort-Résurrection de Celui que Dieu a fait Seigneur et Christ (Ac 2,36). À ce titre, le groupe apostolique sera considéré comme cellule mère de l'Église.

---

[41] J.-M.R. TILLARD, *Église d'Églises*, p. 17.
[42] J.-M.R. TILLARD, *Église d'Églises*, p. 18.
[43] Cf. J.-M.R. TILLARD, *Église d'Églises*, p. 18-19.

Dans cette perspective, les premiers siècles nous renseignent que « l'Église trouve sa forme initiale dans une *communion* dont le lien profond, invisible, n'est autre que l'Esprit du Seigneur mais dont le groupe apostolique en acte de témoignage constitue le foyer visible »[44], accomplissant ainsi l'œuvre de Dieu toujours présent dans la vie de la communauté. C'est pourquoi, « entrer dans la *communion*, c'est avoir part à cette œuvre de Dieu, donc appartenir au mystère des temps eschatologiques, ceux de l'"avenir" de l'aventure humaine »[45].

3. L'Église de Dieu dans les Actes des Apôtres

L'Église de Dieu telle qu'elle est décrite dans le récit des Actes des Apôtres n'est ni une addition de personnes généreuses ni un agglomérat des croyants. Beaucoup d'exégètes, affirme Tillard, donnent raison aux Pères des premiers siècles qui lisaient, en filigrane, dans le récit de Pentecôte l'envers du drame de Babel (Gn 11)[46]. Pour eux, l'événement pentecostal a concouru à la réunification des langues pour former l'unité originairement brisée. C'est ainsi qu'« en la fête de Pentecôte la multitude des langues, symbole de la barrière dressée entre les peuples, est unifiée dans la compréhension commune de la Parole apostolique. Telle est l'œuvre de l'Esprit des "jours derniers". Le feu de cet unique Esprit qui se saisit de chacun pris en sa singularité (2,3) étreint la multitude pour la résoudre en unité »[47].

Il s'ensuit que
> « la communauté pentecostale – cellule mère de l'Église – apparaît ainsi comme la manifestation, l'*epiphaneia*, de l'ouverture des temps de salut. Elle l'est dans la rencontre, radicalement infrangible, de trois éléments : l'Esprit, le témoignage apostolique qui renvoie au Seigneur Jésus Christ, la *communion* où la multitude et la diversité humaines sont enserrées par l'unité et l'unité s'exprime dans la multitude et la diversité. Ces trois éléments appartiennent à l'essence même de l'Église »[48].

Partageant l'avis de Dupont J., notre auteur considère que l'Église, à la taille universelle est déjà présente dans l'événement pentecostal du fait que, d'une certaine manière, c'est l'univers tout entier qui est là symboliquement, pour être témoin de la venue de l'Esprit et entendre la Parole de Dieu[49].

S'agissant des significations analogiques de l'Église par rapport au rassemblement des peuples, on peut souligner que dès le 2ème siècle avant notre ère, le renouvellement de l'Alliance était l'occasion

---

[44] J.-M.R. TILLARD, *Église d'Église*, p. 20.
[45] J.-M.R. TILLARD, *Église d'Églises*, p. 20.
[46] Cf. J.-M.R. TILLARD, *Église d'Églises*, p. 21.
[47] J.-M.R. TILLARD, *Église d'Églises*, p. 22.
[48] J.-M.R. TILLARD, *Église d'Églises*, p. 22.
[49] Cf. Jacques DUPONT, *Études sur les Actes des Apôtres*, cité par J.-M.R. TILLARD, *Églises d'Églises*, p. 22.

d'une fête au cours de laquelle les nouveaux membres entraient officiellement dans la communauté de l'Alliance. Tout pousse à admettre que, bien avant le 2ème siècle de notre ère, le don de la Loi était commémoré lors de la théophanie du Sinaï[50].

Au fait,

> « lorsque le Deutéronome évoque l'assemblée du peuple de Dieu au jour de la promulgation de la Loi ou du renouvellement de l'Alliance, il emploie le mot *Qahal* (Dt 9,10 ; 10,4 ; 18,16 ; cf. 4,10 ; 23,2-9). Or ce mot, dans les Septante, est traduit par *Ekklesia*, terme qui par ailleurs n'a pas d'autre équivalent hébreu et n'est d'ordinaire utilisé pour rendre *Qahal* que lorsqu'il s'agit d'un rassemblement centré sur un appel de Yahvé. On l'évite semble-t-il là où l'accent est mis plus sur l'aspect socio-politique du rassemblement que sur sa dimension de foi »[51].

Ainsi,

> « "le rassemblement" de Pentecôte - "ils se trouvaient réunis tous ensemble, *épi to auto*" (2,1) - dans le feu et le bruit de l'Esprit ne devrait-il donc pas être compris à la lumière de ce que le Peuple de Dieu affirmait du "rassemblement" du Sinaï, dans le feu et le tonnerre de la grande théophanie (Ex 19,1-25 ; Dt 9,6-15) ? Pentecôte deviendrait ainsi la théophanie de la Nouvelle Alliance. Et l'*Ekklesia* – comme on appellera par la suite le "rassemblement" des chrétiens (Ac 5,11) – serait l'"accomplissement" du *Qahal* soudé au Sinaï dans la fête de la Loi »[52].

Notre auteur prend à témoin saint Augustin qui expliquait cet événement de la Pentecôte en lien avec le don de la loi au Sinaï. Il disait que « la Loi fut ainsi donnée le troisième jour du troisième mois. Or, comptez depuis le quatorzième jour du premier mois, où fut faite la pâque, jusqu'au troisième jour du troisième mois, et vous trouverez dix-sept jours du premier, trente du second, trois du troisième, ce qui fait cinquante jours »[53].

Nous pouvons remarquer que cette loi a été donnée comme bien commun, autrement dit, comme appartenant à tous les peuples, publiquement et à un endroit appartenant à personne (cf. Ex 19,6 ; Is 45,19), une loi proposée par Dieu, jamais imposée. Le fait de la gratuité du don de la Torah, et cela en dehors du pays d'Israël : dans le désert, dans le feu et dans l'eau, est très significatif dans la compréhension de la genèse de l'Église de Dieu chez Tillard.

Pour lui, en effet, « de même que ces trois choses sont gratuites pour tout le monde, de même la Torah est gratuite pour tous les habitants du monde »[54]. Il n'est donc pas un fait du hasard que l'événement pentecostal se soit passé le cinquantième jour de la pâque du Seigneur.

---

[50] Cf. J.-M.R. TILLARD, *Église d'Églises*, p. 24.
[51] J.-M.R. TILLARD, *Église d'Églises*, p. 24.
[52] Cf. J.-M.R. TILLARD, *Église d'Églises*, p. 24.
[53] AUGUSTIN, *Réponses aux questions de Janvier*, II, 29, cité par J.-M.R. TILLARD, *Église d'Églises*, p. 105.
[54] J.-M.R. TILLARD, *Église d'Églises*, p. 25-26.

Au fait,

> « dans l'événement de Pentecôte, l'unique Esprit lui-même est donné aux Apôtres. Eux-mêmes, et non plus Dieu en personne, s'expriment dans les langues des nations. Ils sont donc intégrés à la théophanie en tant que témoins du Seigneur et Christ Jésus. C'est dans leur parole de témoignage, embrasée d'Esprit, que passe en sa plénitude l'offre divine de salut pour "toutes les nations qui sont sous le ciel" (2,5). Et puisque brillent les "jours derniers", l'Esprit de la promesse (et non plus seulement une Loi donnée de l'extérieur) est dorénavant gratuitement offert à quiconque accueille leur témoignage et se convertit »[55].

Il en découle que « l'Église de Pentecôte "accomplit", à cause du Seigneur et Christ Jésus, le vœu de la théophanie du Sinaï. Mais elle ne le peut que dans et par le témoignage apostolique »[56]. Pour cette raison, il ne suffit pas de dire que le groupe apostolique a reçu une investiture prophétique qui les rend héraut de la Parole. Il faut en outre affirmer qu'il est devenu, par le fait même d'être investi, partie intégrante et essentielle de l'Église en sa venue au monde. C'est donc en ce sens précis que l'Église de Dieu est apostolique[57].

Cependant, cet événement qui inaugure une longue histoire de l'Église se passe dans un monde marqué par l'injustice, la rivalité, la convoitise. L'on ne s'étonne pas que le récit de Pentecôte s'achève sur un ton qui présente un tableau idyllique de la communauté chrétienne comme si elle n'avait pas besoin de règles[58].

Heureusement que d'autres sommaires du récit, à savoir Ac 4,32-34 ; 5,12-16, inscrivent cette description de la communion dans le contexte de la mission que reçoit l'Église de recréer la chair du monde. Et c'est l'Esprit du Seigneur qui a pouvoir de l'arracher au réseau d'injustice, de rivalité, de convoitise qui blesse mortellement l'humanité. Or celle-ci n'est vraiment elle-même que dans la communion. C'est ainsi que, par naissance, l'Église est engagée au vif du problème du monde[59]. Elle se comprend aussi à travers sa mission de réconciliation et son action pour la justice et la paix dans le monde.

Par ailleurs, l'apôtre des gentils considère que

> « la communauté qui apparaît en pleine lumière au jour de Pentecôte est l'Église, mais l'Église de Dieu, l'*Ekklesia tou Theou*. Ainsi la décrit le discours de Paul aux anciens de la ville d'Éphèse (Ep 20,28), reprenant une expression qui court dans les écrits pauliniens (1 Co 1,2 ; 11,16.22 ; 2 Co 1,1 ; Ga 1,13 ; 1 Th 2,14, 2 Th 1,4). S'il arrive, en effet, à Paul de parler de l'Église qui est en Dieu notre Père et dans le Seigneur Jésus Christ (1 Th 1,1 ; 2 Th 1,1), il

---

[55] J.-M.R. TILLARD, *Église d'Églises*, p. 26.
[56] J.-M.R. TILLARD, *Église d'Églises*, p. 26.
[57] Cf. J.-M.R. TILLARD, *Église d'Églises*, p. 26.
[58] Cf. J.-M.R. TILLARD, *Église d'Églises*, p. 27.
[59] Cf. J.-M.R. TILLARD, *Église d'Églises*, p. 27.

n'utilise qu'une fois l'expression les Églises du Christ (*Ekklesiai tou christou*, Rm 16,16) et son parallèle les Églises qui sont dans le Christ (Ga 1,22). Tout pousse à affirmer que dans les Actes, là où le terme *Ekklesia* est employé seul il renvoie à l'*Église de Dieu* (*tou Theou*) »[60].

Les relations avec Babel et/ou avec la théophanie du Sinaï montrent que ce qui survint au jour de Pentecôte, dans le rayonnement de la Mort-Résurrection du Seigneur et Christ Jésus, est l'accomplissement (la *teleiôsis*) d'un long dessein de Dieu dont les étapes restent enfouies en la mémoire du peuple saint[61].

Cette notion d'Église du point de vue des Actes des apôtres rejoint l'expression de Philon d'Alexandrie qui utilise l'*Ekklesia tou Theou* pour décrire précisément la communauté idéale que, dans le désert, Dieu convoquait[62].

De là notre auteur en arrive à cette conclusion :

« la communauté de Pentecôte représente l'émergence (…) de la communauté de Dieu après la faute, à cause de celui qui a réalisé dans et par Jésus le Nazôréen. Elle est donc l'œuvre de la grâce de Dieu. Et il est significatif que le discours de Pierre soit centré sur ce que Dieu, *Theos*, lui-même a fait. Dieu et non Jésus, est le sujet des phrases de ce *kérygme*. Une seule fait exception, celle qui explique que c'est le Ressuscité par Dieu qui, ayant reçu de Dieu l'Esprit de la promesse, le répand sur la communauté apostolique. D'ailleurs, l'Église est radicalement impensable sans l'Esprit de Dieu tout autant qu'elle l'est sans le Christ de Dieu. En elle aboutit une relation de Dieu avec le monde, précédant et d'une certaine façon transcendant, puisqu'elle la met à son service, la relation de Jésus le Nazôréen avec l'humanité »[63].

Autrement dit, Dieu par l'Esprit et dans le Christ, fait des nations un seul peuple. Cette réalité de l'Église, unique peuple de Dieu n'est pas absente chez Tillard.

B. L'Église, unique peuple de Dieu

Dans son approche de l'ecclésiologie post-Vatican II, Tillard aborde la notion d'Église en tant que peuple de Dieu dans une perspective de rapprochement de ce peuple avec Israël.

Pour lui,

« le Royaume est pour un Peuple. En fait, dit-il, tout au long de l'histoire, les deux appellations cheminent côte à côte. Si l'une insiste plus sur la densité humaine et historique de la réalité

---

[60] J.-M.R. TILLARD, *Église d'Églises*, p. 27-28.
[61] Cf. Louis CERFAUX, *La théologie de l'Église suivant Saint Paul* (Unam sanctam, 10), Paris, 1965, cité par J.-M.R. TILLARD, *Église d'Églises*, p. 28.
[62] Cf. *Les œuvres de Philon d'Alexandrie*, t. 2, Paris, 1962, cité par J.-M.R. TILLARD, *Église d'Églises*, p. 28.
[63] J.-M.R. TILLARD, *Église d'Églises*, p. 28.

ecclésiale l'autre sur sa perspective eschatologique, elles s'appellent l'une l'autre : le Peuple marche vers un Royaume, le Royaume est le bien d'un Peuple »[64].

Il en ressort que l'enracinement de l'Église dans la totalité de l'action de Dieu depuis les plus lointaines origines de l'incarnation historique de son dessein plaide en faveur de l'affirmation d'une communion de toutes les générations qui constituent ce peuple.

En ce sens,

« le peuple de Dieu est fait d'hommes et des femmes qui ensemble, dans une osmose des charismes et des fonctions, sous la conduite de l'Esprit, accueillent, comprennent, actualisent, célèbrent, transmettent la foi qui les fait être l'Église de Dieu en marche vers le jour où leur Seigneur remettra le Royaume à Dieu son Père (1 Co 15,24) »[65].

Ainsi dans la littérature paulinienne, nous trouvons de nombreuses expressions qui désignent l'Église comme peuple rassemblé au sens du *Qahal* hébreu correspondant à l'*Ekklesia* grecque (1 Co 1,2 ; 10,32 ; 11,16.22 ; 15,9 ; 2 Co 1,1 ; Ga 1,13 ; 1 Th 2,14 ; 2 Th 1,4 ; 1 Tm 3,5.15). Chez saint Paul, l'*Ekklesia* désigne le groupe de tous ceux qui croient au Christ ressuscité après la Pentecôte[66].
Il faut toutefois dire qu'originairement le terme *Ekklesia*, en grec, signifiait l'assemblée officielle du groupe social, la réunion en un même lieu des citoyens de la communauté politique. C'est ainsi que la version biblique des Septante a traduit le terme *Qahal* par *Ekklesia* pour désigner le rassemblement du peuple croyant, convoqué par Dieu pour une démarche importante de sa vie, une assemblée de Dieu (Dt 23,2-4.9 ; 1 Ch 28,8 ; Ne 13,1 ; Mi 2,5)[67].

Ainsi, affirme Tillard, lorsque

« la communauté chrétienne, assez tôt semble-t-il, se désigne spontanément comme Église de Dieu, elle fait ainsi d'elle-même l'objet de cette initiative divine. Et s'il est difficile de savoir ce que le lettre aux Galates nomme l'Israël de Dieu (Ga 6,16), il est clair en revanche que le titre de "saints" que se donnent les chrétiens – aussi bien dans les Actes, les écrits pauliniens, les lettres de la captivité, les pastorales l'épître aux Hébreux, la lettre de Jude que dans l'Apocalypse – atteste la même conviction. La communauté chrétienne a conscience d'être le Peuple élu que depuis toujours – *jam ab Abel justo* –Dieu se préparait pour les temps eschatologiques. Elle se voit comme le peuple des Saints dont parlait le livre de Daniel (7,18 ; 8,24 ; cf. Ap 13) en sa vision des derniers jours »[68].

D'où quelques rapprochements entre Israël et l'Église de Dieu.

---

[64] J.-M.R. TILLARD, *Église d'Églises*, p. 113.
[65] J.-M.R. TILLARD, *Église d'Églises*, p. 113.
[66] Cf. J.-M.R. TILLARD, *Église d'Églises*, p. 114.
[67] Cf. J.-M.R. TILLARD, *Église d'Églises*, p. 114.
[68] J.-M.R. TILLARD, *Église d'Églises*, p. 115.

1. Rapprochements entre l'Église de Dieu et Israël

Nous voulons souligner à travers ce thème l'infrangible solidarité entre le peuple d'Israël et l'Église dans sa continuité de la promesse et dans son dépassement du fait de son caractère d'accomplissement dans le Christ. Les indices de ce rapprochement, selon Tillard, sont le choix des douze, le reste d'Israël, la communion à la compassion de Dieu et la marche de l'Église vers sa plénitude.

a. Les Douze

À propos des Douze, Tillard note que leur choix et ses résonnances dans le Nouveau Testament ont une signification singulière dans la mesure où, en plus de leur association plus étroite au ministère de Jésus « avec lequel ils sont » (cf. Mc 3,14) et de leur mission évangélisatrice (Mt 28,18-20), ils ont une importante fonction eschatologique qui les relie aux douze tribus d'Israël (cf. Mt 19,28 ; Lc 22,30 ; 1 Co 6,2 ; Ap 20)[69].

Les Douze sont ainsi les témoins de l'Alliance en son achèvement et ils auront le pouvoir de juger les douze tribus d'Israël « dont la *communion* avec Dieu et entre elles devait constituer l'Israël de Dieu toujours ouvert à l'imprévu de l'Alliance mais toujours fidèle à ses grandes exigences. Au registre eschatologique, c'est dans les douze Apôtres choisis par le Christ Jésus que se dévoilent et se comprennent le sens et la finalité du choix par Dieu de l'Israël aux douze tribus »[70]. C'est là que Tillard situe la raison fondamentale du remplacement de Judas après sa trahison pour que le nombre douze soit de nouveau restauré (Ac 1,15-26) car, dit-il, il en va de l'unité profonde du dessein de Dieu sur son peuple[71].

Nous comprenons dès lors pourquoi le livre de l'Apocalypse décrit les douze en termes de remparts de la Jérusalem messianique (Ap 21,12.14), accomplissement en gloire de celle d'Israël. Il faut dire que la référence aux douze a joué un rôle important dans la vie de l'Église des premiers siècles quant à son organisation et à l'authentification des Églises naissantes. Sans aucun doute et cela jusqu'à nous aujourd'hui, le lien avec la prédication apostolique est de taille pour la reconnaissance des Églises.

b. Le reste

Dans le « petit reste » se trouve, selon Tillard, un élément de continuité au sens le plus strict entre l'Église peuple de Dieu et Israël car dans ce « reste » s'accomplit la promesse faite à Abraham et qui, dans le Christ, connaîtra un élargissement aux autres nations. Pour l'expliquer, notre auteur reprend

---

[69] Cf. J.-M.R. TILLARD, *Église d'Églises*, p. 116.
[70] J.-M.R. TILLARD, *Église d'Églises*, p. 117.
[71] Cf. J.-M.R. TILLARD, *Église d'Églises*, p. 117.

les paroles de l'apôtre Paul aux Romains (11,5-26) qui exprime « son espérance que tout ce Reste – le véritable Israël – sera sauvé, non seulement le petit noyau des judéo-chrétiens ayant accueilli le kérygme apostolique mais aussi les autres, fidèles à leur foi quoique encore fermés à l'annonce du Christ Jésus »[72].

Cet élargissement de la promesse de Dieu à toutes les nations n'est ni une rupture avec la figure d'Abraham ni son reniement. Il s'agit plutôt de se fixer sur sa foi et faire partie de sa descendance. Celle-ci ne se limite plus ni à la race ni à la circoncision attachée à elle mais elle s'ouvre sur une foi enracinée en sa foi de « père des croyants » (Rm 4,9-12.16-25)[73].

Il en découle selon Tillard, une définition de l'Église de Dieu qui soit « la *communion* fondamentale et radicale des païens à la descendance d'Abraham, à la promesse, à la bénédiction soudées à la foi d'Abraham »[74].

Dans la suite de sa réflexion, notre auteur applique à l'Église de Dieu la vocation qui était celle d'Israël à savoir la vocation sacerdotale d'Israël et sa fonction de témoin du Dieu vivant au milieu du monde. Pour cela, il ne suffit pas de dire que la communauté des chrétiens est Peuple de Dieu, il faut en outre préciser que cette communauté est le Peuple dont déjà l'Exode évoquait la nature et la fonction (cf. Ex 19,6) et que sa mission à l'endroit de ceux qui ne croient pas encore s'exercera par la sainteté de sa vie (cf. 1 P 2,4-10)[75].

Cette réflexion rejoint la déclaration du concile Vatican II qui affirmait d'une part que l'unique peuple de Dieu est présent à tous les peuples de la terre, empruntant à tous les peuples ses propres citoyens et que d'autre part tous les hommes sont appelés à l'unité du peuple de Dieu à laquelle appartiennent sous diverses formes les fidèles catholiques et ceux qui, par ailleurs, ont foi dans le Christ, et finalement tous les hommes sans exception que la grâce de Dieu appelle au salut[76].

c. Peuple en communion à la compassion de Dieu

L'unique peuple de Dieu est aussi cette communauté dont tous les membres sans discrimination cheminent dans le monde et dans l'histoire, conscients d'y avoir la mission d'être attentifs à la détresse humaine y compris lors des prédications. Celles-ci, à tous ses échelons et sous toutes ses formes, doivent maintenir la communauté en état d'éveil ecclésial sur la misère humaine (Lc 4,17-

---

[72] J.-M.R. TILLARD, *Église d'Églises*, p. 121.
[73] Au verset 25, Paul cite le prophète Osée qui décrivait le temps messianique en disant : « celui qui n'était pas mon peuple, je l'appellerai Mon peuple ».
[74] J.-M.R. TILLARD, *Église d'Églises*, p. 122.
[75] Cf. J.-M.R. TILLARD, *Église d'Églises*, p. 123-125.
[76] Cf. *Lumen Gentium*, 13.

21 ; 7,22). Tillard établit un lien entre cette exigence de compassion avec la répartition des ministères pour plus de cohérence par rapport au rapprochement avec Israël.

Il l'explique en ces termes :

> « la nécessaire répartition des ministères et des tâches ne peut se faire qu'à l'intérieur de cette commune préoccupation, sans laquelle on rompt avec ce qui déjà dans Israël des prophètes et du Deutéronome représentait la marque même de la communion avec un Dieu que son honneur de Dieu pousse à entrer dans la chair de la détresse. Il se met du côté des pauvres, des petits, des marginalisés, des hommes et des femmes aux yeux baignés de larmes (cf. Dt 10,18-19) »[77].

Force est de dire que la communion à la compassion de Dieu est l'un des fondements de la mission du peuple de Dieu. Dans son engagement, la volonté passionnée de soustraire l'humanité à la détresse ; l'attention à la misère humaine pour l'en délivrer doit être inscrite comme une option préférentielle étant entendu que l'Église, peuple de Dieu, est une communauté de communion à la compassion de Dieu ; une compassion qui coïncide avec la naissance d'Israël (cf. Ex 3,7)[78].

d. Peuple en marche vers la perfection

Pour Tillard, l'Église de Dieu est un peuple en marche comme ce fut le cas pour Israël en marche vers la terre promise. Ainsi, elle est en attente dans l'espérance eschatologique tout comme Israël de Dieu et elle subsiste dans cette tension du déjà et du pas encore. Écoutons-le parler de ce peuple :

> « composé de membres différents où se mêlent grands pécheurs et grandes "figures de sainteté", toujours en marche dans un monde où les routes sont souvent tracées dans le sable et difficiles à déceler de prime à bord, en butte aux assauts des "puissances adverses", le peuple de Dieu se montre, si on le considère dans la somme de ses concitoyens (Ep 2,19) marqué par l'infidélité voire le péché. Aussi est-il souvent le théâtre de drames, de divisions, de schismes, et ce depuis l'histoire du Royaume du Nord et de celui du Sud, d'Israël et Juda »[79].

À la question de savoir si nous pouvons encore parler de la sainteté de l'Église peuple de Dieu[80], au regard des vicissitudes historiques qui l'ont marquée, notre auteur précise que « c'est toute la tension entre l'intervention de Dieu qui "sanctifie" son peuple et la réponse de celui-ci, appelé à "se sanctifier", qui se trouve en cause »[81].

Pour répondre à cette question, il faut considérer que

---

[77] J.-M.R. TILLARD, *Église d'Églises*, p. 130.
[78] Cf. J.-M.R. TILLARD, *Église d'Églises*, p. 131-132.
[79] J.-M.R. TILLARD, *Église d'Églises*, p. 132.
[80] Voir 1P 2,9 ; Ep 5,26-27 qui appellent, dans le sillage de Ex 19,6, les baptisés « la nation sainte ».
[81] J.-M.R. TILLARD, *Église d'Églises*, p. 133.

« le Peuple de Dieu est saint (*qadosh*) parce que Dieu en fait son Peuple. Il l'a rassemblé du milieu des peuples, se l'est consacré en instaurant la *communion* avec lui, a marché avec lui, est demeuré en lui, comme le signifie la nuée de la marche au désert, la *shekinah*, l'arche de l'Alliance. Bien plus, par le Christ Jésus, il a scellé l'Alliance nouvelle dans le Sang du Fils bien-aimé. Et par son Esprit Saint il fait des croyants (que leur faiblesse ne quitte pas pour autant) le Corps que rassemblent sa grâce, sa miséricorde, son incessante fidélité, sa tendresse, sa justice. Ainsi quelque chose de lui-même – les attributs essentiels de ce que la Révélation nous livre de son être – se trouve sans cesse communiqué à ce Peuple »[82].

C'est donc de Dieu, comme de son principe, que le peuple tient sa sainteté et par conséquent, les imperfections personnelles ou collectives de ses membres n'éteignent ni sa miséricorde ni sa fidélité. C'est pourquoi, l'Église reste le peuple de la sainteté de Dieu, la sainte Église du Dieu vivant.

En même temps, ce Peuple est toujours appelé à se sanctifier, à se convertir du fait qu'il est marqué, dans son histoire, par l'infidélité aux clauses de l'Alliance. À ce propos Tillard cite le concile Vatican II qui parle d'une réforme permanente dont l'Église a perpétuellement besoin parce qu'elle est à la fois qualifiée de sainte et contrainte de se purifier[83].

Telle est la tension qui marque la marche de l'Église de Dieu vers la perfection qui n'est pas encore achevée et qui l'ouvre à l'espérance de participer à "l'avènement des cieux nouveaux et de la terre nouvelle où la justice habite" (1 P 3,13). À ce propos, Tillard considère que « Pâque et Pentecôte ne sont "pas encore" le jour du Seigneur. Leur *déjà* s'inscrit en un "pas encore", lui aussi déterminant. Ce *déjà* a une densité messianique, une réalité d'accomplissement, mais toujours ouverte sur l'événement dernier »[84].

Il en découle, pour Tillard, que c'est l'Eucharistie qui est le moment sacramentel de la communion avec Israël jamais totalement rompue, communion d'où l'Église tire son origine dans le dessein de Dieu. Ainsi, chanter ou proclamer qu'on célèbre en attendant sa venue dans la gloire, c'est confesser l'enracinement de l'Église de Dieu dans le mystère même d'Israël[85].

Par conséquent, conclut-il, « Il est impossible de comprendre l'Église sans avoir compris Israël, impossible de vivre consciemment la vocation chrétienne sans savoir qu'elle vient de plus loin que Pentecôte et que déjà elle se profile dans l'aventure d'Abraham choisi par Dieu pour devenir père des croyants »[86].

---

[82] J.-M.R. TILLARD, *Église d'Églises*, p. 133-134.
[83] Cf. *Unitatis Redintegratio*, 6 et *Lumen Gentium*, 8 cités par J.-M.R. TILLARD, *Église d'Églises*, p. 134.
[84] J.-M.R. TILLARD, *Église d'Églises*, p. 138.
[85] Cf. J.-M.R. TILLARD, *Église d'Églises*, p. 139.
[86] J.-M.R. TILLARD, *Église d'Églises*, p. 139.

2. Un peuple de la foi

L'Église en tant que peuple de la foi, dit Tillard, est à la synaxe dans la mesure où ses membres célèbrent le mémorial de Pâque et ayant part ensemble au sacrifice de communion de l'Alliance nouvelle, se savent la communauté de Dieu rassemblée du milieu du monde (le *Qahal*), en marche dans l'histoire jusqu'au repos de Dieu (cf. He 4,1-11). Mais ce peuple est communion des croyants. Si dans son rassemblement il annonce la mort du Seigneur jusqu'à ce qu'il vienne (1 Co 11,26), c'est parce qu'il est dans le sillage d'Israël, soudé par la foi. C'est bien ainsi que la première lettre de Pierre comprend l'état de la communauté des élus (1 P 1,22-25 ; Cf. 5,13)[87].

C'est véritablement la réponse libre d'accueil de l'offre gratuite de Dieu qui constitue ce peuple. Ce mouvement d'offre et d'accueil est coulé en termes de proposition de Dieu reçue dans l'accueil de la foi, exprimée, gardée et transmise au sein de la communauté où Dieu parle en langage humain.

Lorsque Dieu prend l'initiative d'adresser sa Parole à son peuple, Il sort de lui-même et va vers le peuple pour briser le silence que, dans le contexte biblique, le drame de la faute a établi entre lui et l'humanité. Par sa Parole, Dieu fait part à l'humanité de son dessein du salut (cf. Rm 16, 25-26 ; Ep 1,9-10 ; Col 1,26-27)[88]. Il en va donc de son salut que le peuple entre en dialogue avec Dieu dans une attitude d'accueil.

3. Un peuple en dialogue avec Dieu

Les premières lignes de la lettre aux Hébreux décrivent la manière dont le peuple est en dialogue permanent avec Dieu en ces termes : « après avoir, à bien des reprises et de bien des manières, parlé autrefois aux pères dans les prophètes, Dieu en la période finale où nous sommes, nous a parlé à nous en un Fils qu'il a établi héritier de tout » (He 1,1-2).

Ainsi, c'est par le Fils devenu Parole que se noue un dialogue entre le Père et la communauté des ceux qui auront adhéré, par la foi, au Fils. Dans la dynamique de cette Révélation, les Pères de l'Église exprimeront à la fois le lien essentiel et la différence entre la Parole appartenant à l'être de Dieu et le langage humain par lequel cette Parole est transmise[89].

Pour cela,

---

[87] Cf. J.-M.R. TILLARD, *Église d'Églises*, p. 139-140.
[88] Cf. J.-M.R. TILLARD, *Église d'Églises*, p. 140.
[89] Cf. Théophile D'ANTIOCHE, *Trois livres à Autolycus*, II, 10, 22 (SC 20), cité par J.-M.R. TILLARD, *Église d'Églises*, p. 140.

« la Parole révélée jaillit de la Parole éternelle. Mais, d'une part, l'être de Dieu transcende abyssalement l'être créé et, d'autre part, Dieu n'a "pas de voix qu'on puisse entendre", pas d'écriture. Seule la créature humaine a une voix, une écriture. Le *Logos* éternel où s'exprime le *mystère* se "révélera" donc en des voix, des mots, des signes humains, cela même dans le Christ Jésus, de par l'Incarnation »[90].

Il en ressort que l'Église est ce peuple constitué par Dieu qui lui parle constamment et qui reçoit la réponse de son peuple: « la foi d'où l'Esprit fera naître l'Église, sera ainsi l'accueil d'une révélation de Dieu entendue, lue, perçue dans un langage humain »[91].

En effet, l'Église qui est communion des Églises locales et présente en chacune d'elles, née de la Parole révélée par Dieu dans son initiative absolue et transcendante. L'Église n'est donc pas étrangère à la façon dont cette Parole se livre en langage humain. Elle apporte à sa révélation non seulement l'outillage des mots et des contextes qui sont les siens à son époque mais aussi les traits venant de sa propre expérience, voire de ses propres besoins[92].

Voilà pourquoi, affirme notre auteur, « la Parole de Dieu pour l'Église n'est transmise que par une Parole dans l'Église, même celle qui vient de Jésus, Parole de Dieu incarnée »[93].

4. Un peuple qui vit de la Parole de Dieu

L'Église, unique peuple de Dieu, vit de la Parole qu'elle a mission de garder, de défendre et de transmettre. Au fait, « si la Parole de Dieu est l'expression en langage humain de l'"événement de Dieu" qui fonde l'Église, il est nécessaire que celle-ci la garde de génération en génération. Il faut alors qu'elle en rende actuel le contenu pour que chaque époque et chaque culture y trouve (sic) son bien »[94].

> « À travers la médiation de la Parole de Dieu, dont le lien avec ce que Jésus a été et ce qu'il a vécu est ainsi certifié, l'Église demeurera à l'écoute de ce que Dieu a vraiment voulu lui dire en Jésus Christ. Ainsi elle sera sans cesse confirmée dans l'objet de sa foi et du salut sur lequel celle-ci porte »[95].

L'Église est ainsi ouverte à la manière dont chacune des Églises détermine un mode de lecture surtout lorsque les circonstances l'obligent. Elle doit aussi trancher à la lumière de l'ensemble qui constitue le témoignage des Écritures quel mode fait l'unanimité tout en tenant compte de la particularité.

---

[90] J.-M.R. TILLARD, *Église d'Églises*, p. 141.
[91] J.-M.R. TILLARD, *Église d'Églises*, p. 141.
[92] Cf. J.-M.R. TILLARD, *Église d'Églises*, p. 142.
[93] J.-M.R. TILLARD, *Église d'Églises*, p. 142.
[94] J.-M.R. TILLARD, *Église d'Églises*, p. 143.
[95] J.-M.R. TILLARD, *Église d'Églises*, p. 144.

« Aussi, quand les besoins de la catholicité exigeront que l'on passe à un nouveau langage, que les mots véhiculés depuis des siècles cèdent la place à ceux d'une autre culture et d'un autre contexte, c'est encore à cette norme que l'on se référera : l'essentiel du "témoignage scripturaire" ne saurait être en rien édulcoré. On pourra alors "se reconnaître" mutuellement en *communion* les uns avec les autres, dans la *communion* à la foi apostolique. C'est cet essentiel du "témoignage scripturaire" qui, d'ailleurs, constituera la trame des "confessions de foi" »[96].

C'est ainsi que l'édification de l'Église qui vit de la Parole de Dieu requiert une écoute mutuelle entre ses membres d'une part et d'autre part entre ceux qui ont la charge d'enseigner et les fidèles dans leur apport au sens et à la signification de cette Parole. C'est ce que Tillard appelle « *communion* de toutes les parties constituantes de l'Église, chacune ayant sa spécificité. L'autorité de ceux qui exercent le magistère ne vient pas des fidèles, cependant elle tire du *sensus fidelium* sa crédibilité »[97].

Cette interdépendance entre les parties constituantes de l'Église quant à l'actualisation du contenu biblique et à la transmission de la Parole de Dieu serait abstraite et inapplicable si l'on restait au niveau de l'Église aux dimensions universelles. De ce point de vue, l'Église de Dieu est communion des Églises locales. Et c'est fondamentalement au niveau de l'Église locale que cette interdépendance et écoute mutuelle entre ceux qui exercent le magistère et les fidèles, peut et doit prendre forme. Ainsi l'Église ne peut pas être conçue comme un tout uniforme et indifférencié. Voilà pourquoi dans la communion synodale des responsables hiérarchiques des Églises locales s'opère une osmose qui s'élargit jusqu'aux limites de la catholicité où chacun reçoit des autres plus qu'il ne leur donne[98].

Il en ressort que « la *communion* de foi qui fait la *communion* des Églises dépend, à tout un plan, de cette *communion* synodale »[99]. Ce qui « permet aux Églises de reconnaître leur foi dans celle des autres et de s'enrichir l'une par l'autre tant au plan de l'intelligence de la Parole révélée qu'à celui de sa défense, de son explication, de sa traduction dans les nouveaux espaces de la vie du monde »[100].

C'est pour cela que l'évêque de l'Église locale doit promouvoir une solidarité pastorale non seulement avec le *presbyterium* mais aussi avec les communautés chrétiennes qui communient à la foi apostolique. Écoutons Tillard qui l'explique dans un long commentaire.

« Le magistère hiérarchique ordonné a comme organe l'évêque de l'Église locale, en *communion* avec les évêques des autres Églises mais aussi en étroite solidarité avec ce que l'ancienne Tradition appelle son *presbyterium*. Ce dernier constitue le réseau capillaire par lequel, d'une part, les questions, les difficultés, la *praxis*, mais aussi les convictions du *sensus* de la communauté

---

[96] J.-M.R. TILLARD, *Église d'Églises*, p. 144.
[97] J.-M.R. TILLARD, *Église d'Églises*, p. 149.
[98] Cf. J.-M.R. TILLARD, *Églises d'Églises*, p. 149.
[99] J.-M.R. TILLARD, *Église d'Églises*, p. 149.
[100] J.-M.R. TILLARD, *Église d'Églises*, p. 149.

accèdent à l'évêque et par lequel, d'autre part, les décisions de celui-ci (les siennes propres, comme celles de l'ensemble du corps épiscopal dont il est membre) sont non seulement communiquées mais expliquées, traduites s'il le faut, à la communauté. Dans une saine ecclésiologie de communion, l'osmose vitale de la foi s'opère là, spécialement lors de la synaxe eucharistique où la proclamation et l'explication de la Parole occupent une place importante »[101]

La communion se joue aussi au niveau de la réception de la Parole de Dieu dans son Église. Lorsque Tillard établit un lien entre le passage de la Parole de Dieu à la parole ecclésiale et la communion des Églises, il affirme que :

« la réception appartient au processus par lequel le contenu de cette Parole, mais tel que précisé et déclaré par ceux qui ont dans l'Église, de par leur ordination, mission d'exercer un magistère, s'impose à la conscience chrétienne, y prend chair, devient l'un des points de doctrine que le *sensus fidelium* "reconnaîtra" dorénavant ou ne reconnaîtra pas dans telle opinion, telle affirmation, tel courant. Et si la "réception" n'est pas ce qui donne à la déclaration du magistère hiérarchique sa vérité, pourtant elle donne la confirmation certaine qu'en cette déclaration se trouvait la vérité. Ainsi par la *communion* se fait la vérité »[102].

Somme toute, « le processus de "réception" par lequel la parole ecclésiale devient, en entrant dans la chair des Églises et en s'actualisant en elles, vérité vivifiante, instauratrice de la *communion* de la foi, se trouve ainsi comme pré-formé en concile dans la démarche des responsables de ces Églises. Celle-ci (sic) en fait déjà cette symbiose de la diversité et de l'unité que nous appelons catholicité »[103].

C. La catholicité de l'Église : Problème de fondement

Ce thème de la catholicité de l'Église ouvre la réflexion de Tilard dans son ouvrage *l'Église locale. Ecclésiologie de communion et catholicité*. C'est pourquoi nous nous y référons pour comprendre le fondement de la catholicité de l'Église en général.

Lorsqu'il s'agit de trouver le fondement de l'article de foi en "l'Église catholique" retenu au concile de Nicée-Constantinople, l'on se rend compte que les Saintes Écritures n'emploient jamais l'adjectif *katholikos* pour caractériser l'Église de Dieu. De là, Tillard en vient au constat que toute entreprise d'en rechercher les racines bibliques s'avère difficile[104].

---

[101] J.-M.R. TILLARD, *Église d'Églises*, p. 151.
[102] J.-M.R. TILLARD, *Église d'Églises*, p. 155.
[103] J.-M.R. TILLARD, *Église d'Églises*, p. 181.
[104] Cf. J.-M.R. TILLARD, *L'Église locale*, p. 17.

Loin de tomber dans le défaitisme, notre auteur creuse davantage d'autres sources, à savoir les sources patristiques, pour cerner le sens de la catholicité de l'Église. Il trouve que c'est d'abord chez Ignace d'Antioche, vers les années 100 et 110 qu'apparaît l'expression *katholikè ekklesia*[105].

Dans sa *Lettre aux Smyriotes*, Ignace d'Antioche veut que là où paraît l'évêque, que là soit la communauté, de même que là où est le Christ Jésus, là est l'Église catholique[106]. Les questions que nous nous posons avec Tillard sont celles de savoir si dans cette expression "Église catholique", l'adjectif *katholilkos* renvoie à l'expansion de l'Église dont les évêques sont établis jusqu'aux extrémités de la terre ou bien elle qualifie la perfection de la communauté seule digne du nom d'Église là où, surtout, elle s'assemble pour l'eucharistie. Évoque-t-il la manifestation en tel ou tel lieu de la réalité transcendante qui est celle du Christ rassemblant ses saints et ses fidèles, venus de toutes les nations, dans l'unique corps de son Église[107] ?

Pour les spécialistes de l'évêque d'Antioche, il est quasi impossible d'en préciser le sens au point que l'adjectif *katholikos* ne possède aucune connotation ecclésiologique et qu'il est employé dans un sens banal s'il faut emprunter l'expression de De Halleux[108].
Ce n'est que dans la 2ème moitié du 2ème siècle que l'expression *katholikè ekklesia* revêtira une connotation théologique dans le Martyre de Polycarpe vers les années 160[109].

Par ailleurs, dans une lettre venue de l'Église de Smyrne, adressée à toutes les communautés de la *katholiokè ekklesia* qui séjournent en tout lieu que Polycarpe, évêque de la *katholikè ekklesia* de Smyrne, évoque en sa prière toute la *katholikè ekklesia* répandue par toute la terre. Ce qui conduirait à traduire *katholikè* par "universelle" ou tout au moins répandue dans tout l'univers. L'Église serait catholique de par son universalité géographique[110].

Notons, à la suite de notre auteur, qu'à cette même époque, l'expression "Église catholique", fait référence à la plénitude de la vérité dans un contexte de lutte contre les courants hétérodoxes. Au fait, l'expression *katholikè ekklesia* exprimera la qualité d'Église de toute la vérité[111].

---

[105] Cf. Robert JOLY, *Le dossier d'Ignace d'Antioche*, Bruxelles, Université Libre de Bruxelles, 1979, cité par J.-M.R. TILLARD, *L'Église locale*, p. 17.
[106] Cf. IGNACE D'ANTIOCHE, *Lettres Smyrn.*, VIII, 2 (SC 10, 163), cité par J.-M.R. TILLARD, *L'Église locale*, p. 17.
[107] Cf. J.-M.R. TILLARD, *L'Église locale*, p. 17-18.
[108] Cf. André de HALLEUX, *L'Église catholique dans la lettre ignacienne aux Smyrniotes*, dans *E.T.L.*, 58, 1 (1982), p 5-24, cité par J.-M.R. TILLARD, *L'Église locale*, p. 18.
[109] Cf. J.-M.R. TILLARD, *L'Église locale*, p. 18.
[110] Cf. J.-M.R. TILLARD, *L'Église locale*, p. 18.
[111] Cf. Eusèbe, *Histoire ecclésiastique*, V, 16, 9 (SC 41,49), cité par J.-M.R. TILLARD, *L'Église locale*, p. 19. À ce propos Tillard cite également le canon de Muratori, qui parle des lettres de Paul 'écrites pour l'honneur de l'Église catholique et les lettres favorisant l'hérésie de Marcion 'qui ne peuvent être reçues dans l'Église catholique' et qu'on ne connaît qu'une seule Église répandue sur toute la terre.

« En ce sens, nous semble-t-il, Polycarpe est dit évêque d'une Église qui garde intégralement (*katholou*) la *vérité* du Christ, celle que "*toutes* les Églises qui séjournent en *tout* lieu" confessent, étant (comme l'Église de Smyrne) "communautés de la sainte Église Catholique" (suscription) puisqu'elles "n'abandonnent pas le Christ". Ici "vérité" est à prendre dans toute la richesse de sa signification biblique. Elle déborde, tout en l'incluant, le champ de la doctrine. Il s'agit de la "conformité à l'Évangile" »[112].

S'appuyant sur le récit de Lc 24,47[113], Augustin conçoit la catholicité du point de vue de l'extension géographique[114]. En effet, affirme-t-il, « il n'est d'Église catholique que celle qui selon la promesse se répand sur l'univers et s'étend jusqu'aux extrémités de la terre »[115]. Dans cette perspective, les chrétiens sont des frères qui ont reçu en promesse l'univers entier parce que la catholicité recouvre l'unité de l'univers[116].

D'autres affirmations de l'évêque d'Hippone montreront qu'il ne conçoit pas simplement la catholicité sous l'angle géographique. Au fait, il répliquait contre les donatistes qui ne voyaient dans la catholicité que la plénitude de vie sacramentelle et de fidélité aux préceptes du Seigneur niant la dimension fondamentale de la communion par tout l'univers. Augustin proposa un équilibre entre l'extension géographique de l'Église et l'actualisation d'un salut qui brise les barrières dressées entre les peuples[117].

Au final, « l'expansion par tout l'univers n'a de signification que dans la mesure où elle répond à la diffusion de toute la vérité salvifique et à tous les peuples. Car de tous les *populi* il faut faire un unique peuple de Dieu soudé par une foi vraie portant sur le tout de la vérité révélée, et par une vie sacramentelle authentique »[118].

Cela peut se lire dans la lettre qu'Augustin adressa à Novatus pour lui parler de basiliques remises à l'Église Catholique par les donatistes convertis avec la plus grande ardeur à la paix catholique par amour pour la vérité[119]. Pour lui, « Les fidèles, les évêques, les juges, sont catholiques parce que membres de cette Église authentique. La foi est catholique lorsque dans sa confession et son exercice

---

[112] J.-M.R. TILLARD, *L'Église locale*, p. 19.
[113] Dans la T.O.B., nous lisons : « et on prêchera en son nom la conversion et le pardon des péchés à toutes les nations, à commencer par Jérusalem ».
[114] Cf. J.-M.R. TILLARD, *L'Église locale*, p. 20.
[115] AUGUSTIN D'HIPPONE, *De baptismo*, I, 4,5 (SC 69), cité par J.-M.R. TILLARD, *L'Église locale*, p. 20.
[116] Cf. AUGUSTIN D'HIPPONE, *De baptismo*, I, 1,2 (SC 61) ; II, 6,9 (SC 145), cité par J.-M.R. TILLARD, *L'Église locale*, p. 21.
[117] Cf. J.-M.R. TILLARD, *L'Église locale*, p. 21.
[118] J.-M.R. TILLARD, *L'Église locale*, p. 21.
[119] AUGUSTIN D'HIPPONE, *Lettre à Novatus*, 28,2 (SC 405), cité par J.-M.R. TILLARD, *L'Église locale*, p. 23.

elle répond à la vérité dont vit cette Église. La paix catholique est celle que crée la communion à ce corps de vérité et d'unité »[120].

C'est ainsi que dans son sermon le jour octave de pâque, Augustin faisait ressortir le lien essentiel entre présence à toutes les nations et plénitude de la foi. On peut lire dans ce sermon l'image de la pierre d'angle qui réunit deux murs, celui de l'Église venue des juifs, celui de l'Église venue des gentils : « ils se sont rencontrés : paix en Christ, unité en Christ qui a fait de deux un seul édifice. Lui-même est le jour qu'a fait le Seigneur. Comprenez le jour tout entier : tête et corps ; tête le Christ ; corps l'Église. Voilà le jour qu'a fait le Seigneur »[121].

Le sermon de l'évêque d'Hippone que Tillard qualifie de significatif et riche d'enseignement est celui du vendredi de Pâques qui reprend le thème des deux pêches :

> « la première pêche miraculeuse précède la Résurrection. Elle remplit le filet d'une multitude. Bons et mauvais s'y mêlent : "une multitude remplit l'Église mais il arrive que cette multitude pèse lourd et conduise presque au naufrage". Les filets se déchirent, et ce sont les schismes. La dernière pêche suit la Résurrection. Là, le filet, jeté à droite, ne s'emplit que des poissons destinés au Royaume. Ils ne le déchirent pas : "alors, en effet, ce sera le rassemblement des saints [*congregatio sanctorum*] ; il n'y aura plus les divisions et les déchirures des hérétiques, ce sera l'union, ce sera l'unité parfaite [*pax erit et perfecta intas erit*], pas un de plus, pas un de moins, le nombre exact [*integer numerus*]. Ce nombre est celui de l'"*universa ecclesia Dei*". Il est clair qu'ici l'"*Ecclesia Dei*" n'est pas dite *universa*, où elle pêche un surnombre d'adeptes ne correspondant au nombre de ceux qui entreront dans la vie éternelle »[122].

Il est donc question de la prise par la pêche et non de l'expansion de l'Église de Dieu par tout l'univers. Augustin soulignera encore que le rivage à la fin de la pêche évoque l'ultime rivage de l'histoire, là où se trouve l'Église du siècle à venir qui se profile déjà dans la communion des peuples rassemblés pour la liturgie pascale[123].

Au regard de ces considérations de l'évêque d'Hippone, sur l'Église, dans sa prédication pascale, Tillard conclut que pour Augustin, l'universalité n'est un caractère essentiel de l'Église de Dieu que dans la mesure où elle s'accompagne de la fidélité à toute la vérité et à tout ce que Dieu a donné au monde, en Jésus-Christ. Cette fidélité compte par-dessus tout. Le mot "catholicité" dit précisément cette relation. Il n'est pas synonyme de simple extension géographique[124].

---

[120] AUGUSTIN D'HIPPONE, *Lettre à Novatu*, 28,2 (SC 405), cité par J.-M.R. TILLARD, *L'Église locale*, p. 23.
[121] AUGUSTIN D'HIPPONE, *Sermon*, 258,1 (SC 116 ; 347), cité par J.-M.R. TILLARD, *L'Église locale*, p. 24.
[122] AUGUSTIN D'HIPPONE, *Sermon*, 250, 3 (SC 116), cité par J.-M.R. TILLARD, *L'Église locale*, p. 25.
[123] Cf. AUGUSTIN D'HIPPONE, *Sermon*, 250, 3 (SC 116 ; 319), cité par J.-M.R. TILLARD, *L'Église locale*, p. 25.
[124] Cf. J.-M.R. TILLARD, *L'Église locale*, p. 26.

D'autres témoignages complémentaires que note Tillard sont ceux de Clément de Rome, Cyprien de Carthage et de Tertullien. Là où Clément considère que l'Église catholique revêt un autre caractère qu'une simple référence à l'universalité géographique et qu'elle est celle où se retrouvent les caractères de l'Église apostolique modelée selon l'unité divine ; Cyprien de Carthage ne semble pas identifier catholicité et universalité. Pour lui, l'unité ecclésiale est en chaque Église. Chez l'évêque de Carthage, les termes *ecclesia catholica* s'entendent non au sens de l'Église universelle mais chaque Église. Quant à Tertullien, le qualificatif « catholique » est à appliquer à la bonté et au sacerdoce du Christ[125].

Il est ainsi remarquable que le concept "catholique" est polysémique. Cette pluralité de sens atteste l'ouverture de l'Église catholique aux réalités spatio-temporelles. D'où la nécessité de l'aborder dans sa double dimension visible et invisible.

Nombreux témoins de l'antiquité chrétienne attestent une signification plurielle du concept « catholique » qui plaide pour son caractère inclusif des réalités visibles et invisibles au point d'être objet de réflexion non seulement théologique mais aussi philosophique.

Tillard constate que le document le plus évocateur de la polysémie du terme « catholique » vient de l'Orient par Cyrille de Jérusalem qui en donne une conception très riche vers la fin du 4ème siècle. Écoutons-le dans une paraphrase du texte de Cyrille.

> « L'Église est appelée catholique parce qu'elle existe dans le monde entier d'une extrémité à l'autre de la terre, et parce qu'elle enseigne de façon universelle et sans défaillance (…) toutes les doctrines que les hommes ont besoin de connaître, sur les réalités visibles et invisibles, célestes et terrestres. En outre elle est appelée catholique parce qu'elle soumet à la vraie religion tout le genre humain, chefs et sujets, savants et ignorants. Parce qu'elle soigne et guérit universellement toute espèce de péchés commis par l'âme et par le corps ; enfin parce qu'elle possède en elle tout espèce de vertus, en actions ou en paroles, quel que soit leur nom et tout espèce de dons spirituels. Ce nom d'Église lui convient tout à fait parce qu'elle convoque et rassemble tous les hommes ainsi que le Seigneur ordonne dans le Lévitique : "invoque toute la communauté" (…). Lorsque la seule Église qui était en Judée a été rejetée, les Églises du Christ se sont multipliées par toute la terre. C'est d'elles que parlent les psaumes lorsqu'ils disent : 'chantez au Seigneur un cantique nouveau, sa louange est dans l'assemblée des saints'. C'est de la même Église sainte et catholique que Paul écrit à Timothée : 'Tu dois savoir comment te conduire dans la maison de Dieu, qui est l'Église du Dieu vivant, colonne et soutien de la vérité »[126].

---

[125] Cf. J.-M.R. TILLARD, *L'Église locale*, p. 19-20.
[126] CYRILLE DE JÉRUSALEM, *Catéchèses baptismales mystagogiques*, 18,23-25 (SC 126), cité par J.-M.R. TILLARD, *L'Église locale*, p. 27.

L'Église universelle n'est donc pas la somme des Églises disséminées dans le monde comme on peut le lire en filigrane, dans certaines conceptions qui font une lecture philosophique de l'universalité de l'Église universelle en considérant que celle-ci est somme de toutes les Églises particulières ou encore qu'elle est une coordination de toutes les Églises particulières. Cela conduirait à l'idée que la vraie foi en Jésus Christ ne présuppose aucune Église particulière et que le chrétien est en communion avec Jésus Christ, manifesté dans l'Église universelle ou catholique et présent dans l'humanité par son Esprit, sans avoir pour cela besoin d'appartenir à une communauté[127]. Par contre, l'ecclésiologie contemporaine, telle que le reconnaît notre auteur, considère qu'une Église universelle antérieure ou supposée existante en dehors de toutes les Églises locales n'est qu'illusoire[128].

Pour lui, il vaut mieux « s'en tenir au vocable grec, en respectant sa riche polysémie qui, bien comprise, demeure en pleine harmonie avec le cœur de la Révélation. Car dans le passage de l'adjectif grec, *katholikè*, au substantif latin, *catholica*, pour désigner l'Église en sa vérité, se lit la prise de conscience de l'authentique nature de l'Église de Dieu »[129].

Partageant cet avis de Tillard, nous estimons donc qu'on ne peut prétendre avoir donné une définition adéquate de l'Église en disant qu'elle est une communauté universelle. Faut-il encore articuler « l'universel » et le « local » pour en saisir la vraie signification. Tel est l'objet du deuxième chapitre de notre travail.

Conclusion partielle

Récapitulons ce premier chapitre en disant que l'Église, peuple de Dieu, est faite de communion de ses membres dans leur unique foi issue de l'écoute de la Parole de Dieu et du témoignage apostolique. C'est là que nous situons, à la suite de Tillard, la notion d'Église une, sainte, catholique et apostolique. L'Église, contemplée dans ce que l'on appelle sa dimension horizontale, nourrit sa vie dans un jeu constant entre le don de Dieu qui rassemble son peuple et accueil de ce dernier qui adhère librement à la Parole.

L'Église dont l'origine lointaine est liée au *Qahal* hébreu, est l'accomplissement du dessein de Dieu qui veut rassembler dans l'unité toutes les nations. L'événement pentecostal qui inaugura ce nouveau départ s'inscrit dans cette logique d'unité et de communion de tous les membres du corps ecclésial.

---

[127] Cf. Wilfrid MONOD, *Du protestantisme*, Paris, Cerf, 1928, p. 48 et 103, cité par J.-M.R. TILLARD, *L'Église locale*, p. 28.
[128] Cf. J.-M.R. TILLARD, *L'Église locale*, p. 28.
[129] J.-M.R. TILLARD, *L'Église locale*, p. 28-29.

Il n'est rien en Église qui ne soit vraiment communion. Elle ne peut donc être ni un tout uniforme et indifférencié ni la somme des Églises disséminées de par le monde.

En conclusion, c'est dans la communion que la formulation de foi commune en l'Église trouve son sens et garantit la catholicité de l'Église de Dieu en marche vers sa perfection en tant qu'elle exige à la fois unité et diversité, nouées de façon radicalement indissoluble. C'est cet aspect de communion des Églises locales pour l'unité dans la diversité que nous allons développer dans le second chapitre.

Chap. II. LA COMMUNION D'ÉGLISES LOCALES POUR L'UNITÉ DANS LA DIVERSITÉ

Introduction

Le concept de communion est, dirions-nous d'entrée de jeu, le point d'intersection de l'œuvre ecclésiologique de Tillard[130]. Selon lui, depuis le concile Vatican II et à sa suite l'émergence du mouvement œcuménique, l'on assiste à un intérêt particulier pour la communion selon l'Église d'Occident et à la *koinônia* selon l'Orient[131].

En effet, affirme-t-il, « ces deux termes traditionnels – qui ne sont pas entièrement synonymes – désignent un faisceau de réalités étroitement liées l'une à l'autre et toutes au cœur de l'expérience chrétienne : relations nouvelles que la pâque du Christ fait naître au sein de l'humanité « récapitulée » en Christ, nature de l'Église de Dieu, liens entre les personnes divines dans la vie trinitaire »[132].

Ce postulat nous place au cœur d'un questionnement du genre comment tenir ensemble, dans l'Église, le « local » et « l'universel » sans envisager que l'un soit antérieur à l'autre ? La diversité est-elle incompatible avec la communion ecclésiale, et si tel n'est pas le cas, comment dépasser la tension existentielle entre communion et différence ?

Pour répondre à ces questions, nous nous proposons quatre moments dans ce chapitre. Nous allons dans un premier temps préciser la signification des concepts principaux à savoir le concept de « communion » et l'expression « Église locale ». Dans un deuxième moment, nous découvrirons que la communion ecclésiale trouve son fondement dans la communion trinitaire. Troisièmement, nous aborderons la question du rapport entre communion et différence et nous terminerons par quelques lieux expressifs de la communion ecclésiale chez Tillard.

Cette organisation s'inscrit dans la logique de l'ouvrage *Église d'Églises* dont les deux dernières parties sont consacrées à la communion des Églises. En effet, Tilard développe le thème de communion ecclésiale en termes de "reconnaissance" de la diversité des Églises dont le service de communion assure l'unité. C'est ainsi que l'Église locale est non seulement ministre de l'unité mais

---

[130] L'œuvre ecclésiologique proprement dite de Tillard est initiée depuis la publication de « *L'eucharistie pâque de l'Église* » en 1964 au moment où il est expert théologien au concile Vatican II. Depuis lors, il s'attèle à élaborer l'ecclésiologie de communion à travers plusieurs articles et ouvrages. Nous utiliserons essentiellement deux ouvrages principaux à savoir *Église d'Églises* et *Chair de l'Église, chair du Christ*.

[131] Cf. J.-M.R. TILLARD, *Communion*, dans Jean-Yves LACOSTE (éd.), *Dictionnaire critique de la théologie*, Paris, P.U.F., 2007, p. 285-292, ici p. 285.

[132] J.-M.R. TILLARD, *Communion*, dans Jean-Yves LACOSTE (éd.), *Dictionnaire critique de la théologie*, p. 285.

aussi ministre du salut[133]. Ainsi la communion des Églises trouve son expression dans la synaxe eucharistique. Il faut reconnaître que celle-ci traverse toute l'œuvre ecclésiologique de notre auteur. Enfin, C'est en termes de communion visible des Églises que Tillard parle du ministère de l'évêque de Rome compris comme serviteur des serviteurs de Dieu[134]. Telle est l'orientation que nous proposons pour ce chapitre avec un tréfonds patristique que nous puiserons dans *Chair de l'Église, chair du Christ*.

Nous entrons dans ce débat avec cette hypothèse qu'aujourd'hui, s'il nous faut emprunter les mots du Professeur Famerée, il est important de rappeler cet impératif de maintenir un équilibre entre unité et diversité, surtout en ce temps de repli identitaire, de peur et même de refus de la différence et qu'un tel rappel est toujours salutaire et actuel, en premier lieu pour l'Église catholique, dont une des pentes est l'unitarisme et l'uniformité, mais plus globalement pour toutes les Églises car il n'est jamais facile d'assumer réellement la diversité. Le danger étant que le déni d'une authentique diversité peut prendre des formes subtiles, apparemment aux antipodes d'un unitarisme autoritaire. Nous sommes bien sûr conscient que la recherche d'une synthèse dynamique entre unité et diversité avec ce tréfonds de la communion trinitaire est risquée et même vertigineuse d'autant plus que l'uni-diversité divine est abyssale[135].

A. Précisions terminologiques

Il sied avant tout de préciser le contour sémantique des termes-clés que nous utiliserons dans notre analyse à savoir le concept de "communion" et l'expression "Église locale". En effet, Tillard reconnaît que la mise en œuvre des grandes orientations du concile Vatican II a provoqué un intérêt pour la compréhension du concept "communion" qui désigne un faisceau de réalités étroitement reliées l'une à l'autre et toutes au cœur de l'expérience chrétienne. On ne saurait donc, dit-il, aborder cette thématique sans avoir au préalable clarifier la question du vocabulaire[136]. Il en est de même pour l'expression "Église locale" qui a connu des variations après le deuxième concile du Vatican.

---

[133] Cf. J.-M.R. TILLARD, *Église d'Églises*, p. 283-291.
[134] Cf. J.-M.R. TILLARD, *Église d'Églises*, p. 323-356.
[135] Cf. Joseph FAMERÉE, *Les fondements théologiques de la réconciliation*, dans *Irénikon*, 68 (1995), p. 325-341, ici p. 331.
[136] Cf. J.-M.R. TILLARD, *Communion*, dans Jean-Yves LACOSTE (éd.), *Dictionnaire critique de la théologie*, p. 285.

1. Le concept de communion

Au sens étymologique, le concept « communion » vient de *cum* qui signifie « avec » et *munis* dérivé de *munus* qui signifie « charge ». Ainsi, *communis* signifie ce qui partage la charge et en un sens dérivé, ce qui « est partagé entre tous » ou mieux ce qui est commun[137].

L'évolution sémantique du concept « communion » a connu diverses variations au sein du christianisme. Alors qu'au sens classique, ce terme signifiait ce qui est commun et parfois communauté, le latin patristique l'utilisera en l'appliquant aux réalités ecclésiales pour un usage proprement chrétien. La communion ecclésiale vient de ce que la communauté en cause a sa source en ce que Dieu lui-même ne cesse de communiquer à l'Église et ce que les croyants sont appelés à se communiquer les uns aux autres, en particulier par l'entraide matérielle[138].

En décelant le sens que la tradition néotestamentaire donne au concept « communion », nous découvrons qu'il signifie aussi bien la participation de tous au même don de Dieu (1 Co 10, 16 ; 1,9) que la participation à la vie de Dieu que ce don offre (1 Jn 1,3 ; 2 P 1,4 ; 2 Co 13,13). Par ailleurs il n'est pas rare de trouver dans le Nouveau Testament le sens de « communion » comme union au Christ qui résulte du don offert par Dieu (Ph 3,10 ; 1 P 4,13) et les liens fraternels en sont la conséquence (1 Jn 1,7 ; 1 Co 10,18 ss). Cette fraternité est concrétisée dans une forme de vie communautaire et dans un esprit désintéressé de partage, manifesté dans l'aide matérielle aux Églises pauvres et aux missionnaires de l'Évangile (Ac 2,42 ; Rm 15,27 ; 2 Co 8,4 ; Ga 6,6 ; Ph 4,14)[139].

Tillard note qu'au Moyen Age le mot *communio* était utilisé presque uniquement pour désigner la réception de l'eucharistie. Du coup, les autres éléments de l'expérience communautaire de l'Église étaient évoqués par le terme *communicatio* que le latin chrétien des premiers siècles préféra à *communio* sans doute parce qu'il ajoute un élément dynamique. On évoque ainsi au moins implicitement, la présence active du Christ en son Esprit et la dépendance mutuelle des disciples. Le Christ est le *communicator* des dons du Père qui concrétise ce salut en une communion de grâce, dans la communauté, chacun est *communicator* des biens de la générosité divine. Dans la prière, spécialement à la synaxe eucharistique, les chrétiens se savent *communicantes* avec les saints de tous les temps[140].

---

[137] Cf. J.-M.R. TILLARD, *Communion*, dans Jean-Yves LACOSTE (éd.), *Dictionnaire critique de la théologie*, p. 286.
[138] Cf. Cf. J.-M.R. TILLARD, *Communion,* dans Jean-Yves LACOSTE (éd.), *Dictionnaire critique de la théologie*, p. 286.
[139] Cf. J.-M.R. TILLARD, *Communion,* dans Jean-Yves LACOSTE (éd.), *Dictionnaire critique de la théologie*, p. 287-288.
[140] Cf. J.-M.R. TILLARD, *Communion,* dans Jean-Yves LACOSTE (éd.), *Dictionnaire critique de la théologie*, p. 286.

À la différence de *Koinônia* qui insiste plus sur la participation à une réalité commune *communicatio* inclut le dynamisme du don et *communio* sur la situation qui en résulte. Plusieurs fois Tillard, dans ses textes, met le mot *koinônia* à côté de *communio* pour signifier que c'est la même réalité en Orient qu'en Occident[141].

En somme, le concept « communion » désigne à la fois la cohésion et l'harmonie qui doit caractériser les Églises locales dans la vie du témoignage évangélique et dans la mission reçue des Apôtres et la solidarité fraternelle, qui est aussi un témoignage à offrir au monde qui aspire à l'unité. Il doit ainsi se nouer entre les Églises locales, au-delà de l'entraide matérielle, des liens de fraternité venant de ce qu'elles « reconnaissent » l'une dans l'autre la même foi, la même espérance, le même baptême, le même ministère et la même eucharistie. Elles sont Églises sœurs (2 Jn 13), communiant dans le même choix divin (2 Jn 13 ; 1 P 5,13 ss)[142]. Nous inscrivons donc, à la suite de Tillard, la signification du concept « communion » dans la double dimension verticale et horizontale des relations des Églises locales entre elles selon le dessein de Dieu et de la solidarité des croyants, les unes envers les autres dans leur légitime et loyale diversité.

2. De l'expression « Église locale »

Le sens d' « Église locale » a connu des variations dans l'ecclésiologie post-Vatican II. Il convient de préciser ses contours sémantiques et déterminer à la suite de Tillard le sens dans lequel nous l'employons.

Si l'on s'accorde que le vocable « local» renvoie à un espace géographiquement défini, le terme « Église locale » fait alors référence à un lieu. Ainsi, elle est la réalisation de l'Église de Dieu en un endroit. Cette signification est à la base des discussions dans le chef des ecclésiologues du 20ème siècle[143].

Partant de la *Lettre* de Clément de Rome aux chrétiens de Corinthe vers l'année 95 après Jésus Christ, l'on se rend compte qu'à cette époque on parle d'une Église pérégrine en attente d'un ailleurs au point que certains relient la territorialité de l'Église de Dieu au large dynamisme du monde à venir. Tout

---

[141] Cf. J.-M.R. TILLARD, *Communion,* dans Jean-Yves LACOSTE (éd.), *Dictionnaire critique de la théologie*, p. 291-292.
[142] Cf. Cf. Cf. J.-M.R. TILLARD, *Communion,* dans Jean-Yves LACOSTE (éd.), *Dictionnaire critique de la théologie*, p. 291.
[143] Signalons ici qu'à partir de l'année 1988 le groupe des Dombes a résolu d'employer, dans ses travaux, l'expression « Église particulière » au lieu de « Église locale » qui, selon lui, prête à confusion comme on peut le lire dans son ouvrage *Pour la communion des Églises. L'apport du groupe des Dombes 1937-1987*, Paris, Centurion, 1988, p. 84.

comme ses membres, l'Église n'est qu'en pèlerinage comme des étrangers dans une patrie qui n'est pas encore définitive. C'est pourquoi l'Église de Dieu est en séjour à Corinthe[144].

À ce propos, Tillard précise :

> « c'est toute communauté locale rassemblée par l'Eucharistie qui est ainsi l'Église. Primitivement, semble-t-il, chaque cité n'ayant qu'une Eucharistie, les Églises se sont comptées et distinguées d'après les lieux où s'opérait le rassemblement eucharistique. La communauté eucharistique locale était l'Église locale. Mais avec l'expansion de l'Église hors des villes les communautés eucharistiques se multiplieront, au moment même où, par ailleurs, l'Église sentira le besoin de s'organiser et de se structurer »[145].

Dans un même paragraphe du *Décret sur la charge des évêques*, le concile Vatican II, emploie, pour désigner la même réalité de l'Église en un lieu, à la fois l'expression « Église locale » et « Église particulière » en ces termes :

> «la charge épiscopale, qui est la leur et qu'ils ont reçue par la consécration épiscopale, les évêques, participant à la sollicitude de toutes les Églises, l'exercent – pour ce qui est du Magistère et du gouvernement – à l'égard de l'Église universelle de Dieu, tous unis en un collège ou corps, en communion avec le Souverain Pontife et sous son autorité. Ils l'exercent individuellement à l'égard de la portion du troupeau remise à leurs soins, chacun prenant en charge l'Église particulière qui lui a été confiée ou plusieurs parfois, pourvoyant conjointement aux besoins communs de diverses Églises locales »[146].

Il n'est pas ainsi rare de trouver dans les textes conciliaires l'emploi de l'expression « Église locale » sans nécessairement signifier la même réalité. Tantôt Église locale désigne le diocèse, tantôt un groupe de diocèses au sein d'une région ou même une paroisse. Il en est de même pour l'emploi de l'expression « Église particulière » qui désigne soit un diocèse soit une Église dans son environnement culturel ou une Église d'un autre rite que celui du rite latin[147]. L'on ne s'étonne pas que dans la suite du deuxième concile du Vatican l' « Église locale » dite aussi « Église particulière » soit comprise à la fois comme réalité territoriale dont les évêques forment des conférences épiscopales ou des synodes. Et qu'elle est aussi réalisée dans toutes les assemblées légitimes des fidèles sous la direction de leurs pasteurs en communion avec leur évêque qu'on appellerait la paroisse[148].

---

[144] Cf. CLÉMENT DE ROME, *Épître aux Corinthiens. Introduction, textes, traduction, notes et index* par A. Jaubert (SC, 167), Paris, Cerf, 1971, p. 98.
[145] J.-M.R. TILLARD, *Église d'Églises*, p. 47.
[146] *Christus Dominus*, 3.
[147] Cette étude de l'emploi des concepts « Église locale et Église particulière » est faite avec détails dans l'ouvrage collectif sous la direction de Philippe DELHAYE, *Concilium Vaticanum II. Concordances, Index, listes de fréquences, tables comparatives*, Louvain, Publication du CETEDOC, 1974.
[148] Cf. SECRÉTARIAT POUR L'UNITÉ DES CHRÉTIENS, *Instruction sur la collaboration œcuménique au plan régional, au plan national et au plan local*, dans *D.C.*, 1680 (1975), p. 666, note 8.

Par ailleurs, le Droit canon de 1983 a retenu l'expression « Église particulière » en raison, croyons-nous, de l'insistance sur l'Église universelle qui serait prioritaire et la référence tout en soulignant que c'est par les Églises particulières qui sont les diocèses qu'existe l'Église catholique[149].

De son côté Tillard s'inscrit dans la perspective du concile Vatican II et considère que le concept « Église locale » n'est pas univoque. L'Église locale est primitivement la communauté eucharistique locale qui devient ensuite communion des communautés locales[150]. Elle renvoie aussi à un espace d'humanité bien concrète avec ses problèmes et à la totalité du lieu. L'« Église locale » est réalisation de l'Église de Dieu en tout ce qui constitue l'existence d'un ensemble humain à savoir son milieu, sa culture, son héritage et ses conditions sociologiques. Au final, l'« Église locale » chez Tillard, est l'espace humain (géographique, culturel, historique, sociologique) où l'Évangile de Dieu, accompli à Jérusalem dans la Pâque du Christ et la Pentecôte qui en livre l'effet, vient saisir tout l'*homo* (homme) et l'*humus* (terreau) où il germe[151].

C'est en effet, l'âme religieuse des peuples qui est mise en évidence par Tillard lorsqu'il décrit le terreau humain où l'Évangile s'enracine. Pour lui, « parmi les éléments de l'*humus* humain que l'Église locale assume, en y rendant présente sa *différence*, il faut évidemment accorder une place de choix à l'âme religieuse des peuples, d'ordinaire exprimée dans des traditions immémoriales »[152].

À ce propos, l'exemple le plus parlant est celui de la rencontre de Paul et des philosophes d'Athènes, entre la fondation de l'Église de Thessalonique (Ac 17,4 ; 1 Th 2,1-12) et celle de l'Église de Corinthe (18,4-11). L'apôtre Paul commence son discours en disant : « mon regard se porte sur vos monuments sacrés et j'ai découvert entre autres un autel avec l'inscription : "au Dieu inconnu" ; eh bien ce que vous vénérez ainsi sans le connaître, je viens vous l'annoncer » (Ac 17,23-25)[153].

Ainsi, c'est parce que l'Évangile s'incarne pleinement dans les Églises locales[154], en pleine chair de l'humain, qu'il crée non pas une entité plaquée du dehors sur la mosaïque des peuples mais suscite, dans chaque peuple, la réponse à une attente religieuse profonde[155].

---

[149] Cf. *CIC 1983*, canon 368.
[150] J.-M.R. TILLARD, *Église d'Églises*, p. 47.
[151] Cf. J.-M.R. TILLARD, *L'Église locale*, p. 53.
[152] J.-M.R. TILLARD, *L'Église locale*, p. 53-54.
[153] Cf. J.-M.R. TILLARD, *L'Église locale*, p. 54.
[154] Dans son *Exhortation apostolique Evangelii Gaudium*, 30, le Pape François définit l'Église locale par les mêmes termes que notre auteur en disant : « l'Église locale est le sujet premier de l'évangélisation, en tant qu'elle est la manifestation concrète de l'unique Église en un lieu du monde, et qu'en elle est vraiment présente et agissante l'Église du Christ, une, sainte, catholique et apostolique. Elle est l'Église incarnée en un espace déterminé, dotée de tous les moyens de salut donnés par le Christ, mais avec un visage local ».
[155] Cf. J.-M.R. TILLARD, *L'Église locale*, p. 54-55.

Considérant que la réalité de « l'Église locale » est plus grande que son aspect territorial au sens du terreau humain (*humus*) nous retiendrons à l'instar de notre auteur que l'Église locale est l'ensemble des communautés eucharistiques en communion avec l'évêque et gravitant autour de son siège[156].

Ainsi, elle est, elle-même, communion des communautés locales qu'on appelle aujourd'hui le diocèse dont la responsabilité pastorale est confiée à un évêque. Le diocèse est lui-même fait des paroisses, chacune d'elle étant une communauté eucharistique[157]. C'est donc du diocèse que nous parlerons en termes d'« Église locale » tel que Tillard le précise sans équivoque[158].

B. La communion trinitaire fondement de la communion ecclésiale

Bien que l'Écriture n'affirme pas clairement que Dieu est communion de trois personnes, incité par certains textes[159] du Nouveau Testament, on peut faire du mystère divin la communion à l'origine de toute communion humaine et son modèle. C'est ainsi que Saint Basile parle de la Trinité comme une différenciation unie, une unité différenciée, une sorte de *koinônia* continuelle et indivisible[160]. Il en va de même pour l'Église qui n'est pas explicitement désignée dans les Saintes Écritures en termes de *communio – koinônia*, c'est tout de même dans l'Église de Dieu que se noue tout ce qu'elle en dit à savoir les relations Père-Fils-Esprit. Et dans la foulée, Saint Augustin n'hésite pas à faire de la communauté pentecostale des Actes des apôtres l'image de la communion trinitaire[161].

Par ailleurs, dans la perspective de la théologie orientale, tout en Dieu est relationnel.

En effet,

> « il n'y a pas d'abord un Père, puis un Fils qui ensuite entrerait en relation. Ils sont Père et Fils par la relation qui les fait être l'un Père, l'autre Fils. L'unique nature divine n'existe qu'en la communion qui vient de ce que le Père fait naître de lui un Fils tout autant Dieu que lui et un Esprit tout autant Dieu que lui – et qui pourtant possèdent toute la nature divine sous un mode unique le Père ne saurait imiter sous peine de se détruire comme Père et source de la vie trinitaire. La

---

[156] Cette expression « Église locale » est celle que préfère aussi le professeur Joseph Famerée qui déclare : « Personnellement je préfère nettement l'appellation « locale » qui marque la territorialité de l'Église et évite l'idée de partie, facilement inférée de l'adjectif « particulière », comme je préfère éviter l'expression « Église universelle ». Quoi qu'il en soit des préférences de vocabulaire, le sens n'est pas ici en cause. Les Églises (diocésaines) locales ou particulières sont à l'image de l'Église entière ou universelle ; simultanément (et réciproquement), c'est dans ces Églises locales et à partir d'elles qu'existe l'une et unique Église catholique ou l'Église entière (universelle). Il n'y a donc pas d'antériorité de l'Église universelle par rapport aux Églises particulières ni de celles-ci par rapport à l'Église universelle ». Cf. *Église locale et vie consacrée*, dans *La vie consacrée*, 71 (1999), p. 250-266, ici p. 251-252.

[157] Cf. J.-M.R. TILLARD, *Église d'Églises*, p. 47.
[158] Cf. J.-M.R. TILLARD, *Église d'Églises*, p. 47.
[159] Les textes que Tillard retient sont Jn 14,16 ; 16,7-15 ; Mt 28,19 et surtout, dit-il, 2Co 13,13 où la salutation de l'apôtre des gentils fait mention de la grâce du Seigneur Jésus-Christ, l'amour de Dieu et la communion de l'Esprit Saint.
[160] Cf. J.-M.R. TILLARD, *Communion*, dans Jean-Yves LACOSTE (éd.), *Dictionnaire critique de la théologie*, p. 290.
[161] Cf. AUGUSTIN, *Homélie sur l'évangile johannique*, tract. 14,9 ; 18,4 ; 39,5 ; Sermon 47,21 ; Ep 170,5 ; 238,2 ; 13,16, cité par J.-M.R. TILLARD, *Communion*, dans Jean-Yves LACOSTE (éd.), *Dictionnaire critique de la théologie*, p. p. 291.

générosité éternelle du Père vient de ce que s'originent en lui non des copies de lui-même mais des "autres que lui-même" sans lesquels il ne serait pas. Il n'y a pas plus de Père sans Fils que de Fils sans Père. Chaque personne n'existe que dans la relation de *koinônia* à l'autre qui la fait être. Chacune n'est ni plus ou moins Dieu que les deux autres »[162].

C'est ainsi que se réalise le modèle trinitaire dans la communion des Églises. Grâce à cette communion, l'unité dans la diversité devient possible. L'unité de la nature divine et la diversité des personnes divines. Cette Église que l'Esprit Saint introduit dans la vérité tout entière (cf. Jn 16,13) et à laquelle il assure l'unité de la communion et du ministère, il la bâtit et la dirige grâce à la diversité des dons hiérarchiques et charismatiques, il l'orne de ses fruits (Ep 4,11-12 ; 1 Co 12,4 ; Ga 5,22). Par la vertu de l'Évangile, il fait la jeunesse de l'Église et il la renouvelle sans cesse, l'acheminant à l'union parfaite avec son Époux. L'Esprit et l'Épouse disent au Seigneur Jésus : « Viens » (cf. Ap 22,17). Ainsi l'Église universelle apparaît comme un peuple qui tire son unité de l'unité du Père et du Fils et de l'Esprit-Saint[163].

Il en ressort que le concile Vatican II et l'ecclésiologie de communion qui s'est développée par la suite ont situé la nature et la mission de l'Église dans cette perspective trinitaire de telle sorte que la Trinité est origine, forme et but de la réalité ecclésiale. C'est en effet pour rassembler dans l'unité ses fils dispersés (cf. Jn 11,52) que Dieu envoya son Fils dont il fit l'héritier de l'univers (cf. Hb 1,2) pour être à l'égard de tous maître, roi et prêtre, chef du nouveau peuple des fils de Dieu étendu à l'univers. C'est aussi pour cela qu'il envoya l'Esprit de son Fils, qui est pour l'Église entière, pour tous et chacun de ses croyants le principe de leur rassemblement et de leur unité dans la doctrine des apôtres, dans la communion fraternelle, la prière et la fraction du pain (cf. Ac 2,42)[164].

C'est pourquoi la communion ecclésiale qui intègre à la fois la communion des Églises et la communion des croyants est fondée sur une théologie trinitaire. L'Esprit Saint est l'acteur de l'unité dont le Christ est principe et pour laquelle il prie constamment (cf. Jn 17,21). C'est l'Esprit Saint qui assure l'unité dans la diversité.

Ainsi, constate Tillard,

« tous sont unis en un seul Corps parce que tous prennent le même pain et la même coupe, *communiant* ainsi au Corps et au Sang du Christ (1 Co 10,16-22). Telle est la source de tous les liens et de toutes les démarches de solidarité fraternelle qu'exige cette unité. Mais cette source

---

[162] J.-M.R. TILLARD, *Communion,* dans Jean-Yves LACOSTE (éd.), *Dictionnaire critique de la théologie*, p. 290.
[163] Cf. *Lumen Gentium*, 4.
[164] Cf. *L.G.*, 13§1.

précède le réseau de relations mutuelles et d'échanges qu'avec la puissance de l'Esprit la communauté tisse pour être vraiment l'Église que Dieu veut »[165].

Il existe une intériorité mutuelle ou une circumincession entre Églises locales et Église universelle, à l'image de la Sainte Trinité, en laquelle il y a simultanéité de l'unité et de la trinité (ou diversité). Tel est le modèle et la source de l'Église dont parle la *Constitution Lumen Gentium* en termes d'*Ecclesia de Trinitate*[166]. C'est donc dans les Églises locales (concrètes, situées en un lieu), dont le type même est l'Église diocésaine en communion avec son évêque, qu'existe l'Église entière[167].

Les trois personnes ont en commun la divinité mais elles sont différentes de telle sorte que leur communion et, pourrions-nous dire, leur communauté ne signifie ni uniformité ni fusion. Elles se distinguent par les relations qui existent entre elles. Par conséquent l'affirmation de la communion ecclésiale qui découle de la communion trinitaire s'insère dans cet unique principe de l'unité dans la diversité. Tillard trouve dans un passage de la première lettre johannique (1 Jn 1,3[168]) « L'origine, la cause, le fondement ultime de notre communion n'est autre que le Père, en Dieu »[169].

Cette perspective de la communion à la fois ecclésiale et fraternelle est bien présente chez l'apôtre Paul pour qui, les chrétiens doivent vivre en communion parce que Dieu les a appelés à la communion avec son Fils Jésus Christ, notre Seigneur (1 Co 1,9), une communion de l'Esprit (Ph 2,1 ; cf. 2 Co 13,13) et de la foi (Phm 17)[170].

Pour Tillard, ce qui est vécu à l'intérieur de l'Église-communion doit être un témoignage de l'amour de Dieu-Trinité pour le monde. C'est en termes d'engagement de l'Église qu'il l'affirme en disant :
> « ce qu'accomplit le corps ecclésial, dans la communion (*koinônia*, cf. 2 Co 1, 7 ; Ph 1,5) des souffrances, des persécutions, des détresses, des agonies, des tâches, des annonces de l'Évangile, des responsabilités (cf. Ga 2,9), est l'illustration et le déploiement de la profondeur de l'amour de Dieu pour l'humanité et le monde, accompli dans le Christ Jésus. Tête de l'Église, celui-ci est *hic et nunc*, dans l'Esprit Saint, manifesté par son corps »[171].

L'Église « est la communion des fidèles avec Dieu et entre eux, soudée par l'*Agapè* des cœurs, des mains, des comportements, qui actualise en chair humaine la qualité de vie – jaillie du Père – qui circule dans le Christ et dans tous ceux et celles qui sont en lui un seul corps, une seule vigne, une

---

[165] J.-M.R. TILLARD, *Église d'Églises*, p. 197-199.
[166] Cf. *L.G.*, 2-4.
[167] Cette interprétation de la communion ecclésiale à l'image de la communion trinitaire a été aussi au centre de la réflexion de Joseph FAMERÉE, *Église locale et vie consacrée*, dans *La vie consacrée*, 71 (1999), p. 252.
[168] Dans ce verset nous lisons : « Ce que nous avons vu et entendu nous vous l'annonçons à vous aussi, afin que vous aussi, vous soyez en communion avec nous et notre communion est avec le Père et son Fils Jésus Christ ».
[169] J.-M.R. TILLARD, *Église d'Églises*, p. 199.
[170] Cf. J.-M.R. TILLARD, *Église d'Églises*, p. 199.
[171] J.-M.R. TILLARD, *Église d'Églises*, p. 201.

seule communauté sacerdotale, une seule fois en acte, dans l'Esprit »[172]. Au fait l'Église, dans son essence, n'est rien d'autre que la communion de vie des hommes avec le Père et entre eux dans le Christ Jésus, par l'Esprit Saint[173]. Ceci nous conduit à dire qu'il est possible de vivre en communion dans la différence.

C. Communion et différence[174]

1. De la différence des membres d'un seul corps

Lorsqu'il s'agit de parler de la différence des membres d'un seul corps, Tillard s'attarde à l'ecclésiologie paulinienne[175].

Pour lui,

> « Un seul corps, en plusieurs membres, tous différents comme l'œil l'est de l'oreille, le pied du cœur, tel est le statut de l'Église de Dieu. Ces membres sont divers. Le fait que tout soit "d'Église" ne signifie donc pas que tout soit uniforme, réduit à une seule expression ; à une seule opinion. Et les personnes et les Églises locales sont conduites par l'Esprit à un approfondissement et une appropriation qui tiennent compte de leur caractère propre et en font une richesse d'Église. Il convient d'y insister »[176].

La différence, en effet, est inscrite dans la communion qui fait l'Église. Elle en constitue un élément.

> « L'Église n'est ni une abolition, ni une addition mais *communion* de "différences". L'abolition réduit tout à un unique trait. L'addition ne présuppose pas nécessairement que les éléments sont rassemblés à cause d'un bien commun : une addition est une somme d'individus. La *communion*, au contraire, exige qu'une réalité commune, une valeur unique, soit présente en tous les participants et que ceux-ci y aient tous part, bien que très diversement. Leur "différence" fleurit sur une unité radicale. En se contentant d'ajouter les différences, on crée une foule. En faisant émerger la réalité commune cachée sous les différences, on manifeste une *communion*, on explicite la richesse de l'unité, on donne à la différence sa noblesse »[177].

De ce fait, la différence joue, en ecclésiologie de communion, un rôle tout à fait spécial. Et cela est autant vrai au niveau de chaque Église locale qu'au niveau de la communion de toutes les Églises.

> En effet, « dans la logique de la loi d'incarnation, la *communion* de chaque Église locale – et celle des Églises locales entre elles – épouse ainsi la variété de la création et les attaches de l'histoire. Elle n'est pas une réalité vague, faisant fi de la richesse des solidarités naturelles qui constituent l'un des joyaux de l'humanité. Celles-ci appartiennent aux réalités que la grâce assume, conserve,

---

[172] J.-M.R. TILLARD, *Chair de l'Église, chair du Christ*, p. 39-40.
[173] Cf. J.-M.R. TILLARD, *L'eucharistie pâque de l'Église* (Unam sanctam, 44), Paris, Cerf, 1964, p. 36.
[174] Notons que ce thème traverse les trois ouvrages de Tillard sur la communion ecclésiale à savoir *Église d'Églises* ; *Chair de l'Église, chair du Christ* ; *L'Église locale*, bien que ce soit en termes de tension entre communion et différence qu'il y revient dans le dernier livre.
[175] C'est sous le titre : *Tous liés les uns aux autres* que Tillard ouvre le deuxième chapitre de *Chair de l'Église, chair du Christ* avec un long développement (p. 13-26), sur les passages des lettres pauliniennes.
[176] J.-M.R. TILLARD, *Chair de l'Église, chair du Christ*, p. 22.
[177] J.-M.R. TILLARD, *Chair de l'Église, chair du Christ*, p. 22.

promeut en en faisant un bien de la catholicité. L'Église est catholique en nouant dans la *communion* du Christ Jésus (qui les intègre à l'espace de salut et de création nouvelle ouvert par la croix) les diversités dont la création porte la source. Elle est *communion* d'Églises, elles-mêmes soudées en *communions* de personnes et s'enrichissant par la diversité. Dès le Nouveau Testament, celle-ci est défendue. Le statut ecclésiologique de la "différence" est donc positif »[178].

Disons que

« l'un des acquis majeurs de l'ecclésiologie catholique de dernières décennies est d'avoir remis en lumière sa place au cœur du mystère de l'Église. La foi ne s'exprime pas de la même façon à Alexandrie et à Antioche. La liturgie n'a pas les mêmes formes à Rome et à Kinshasa. Bernard ne pense pas comme Abélard…Thomas d'Aquin comme Bonaventure… Un chrétien de Paris réagit autrement qu'un chrétien de Moscou. Là jouent la liberté de pensée, que l'expérience évangélique assume, et la responsabilité propre à chacun face aux appels de l'Esprit. Sans l'approfondissement propre à chaque personne ou à chaque Église locale, la *communion* s'étiole. Chacun reçoit l'Esprit et le transmet avec son propre souffle »[179].

Il est important cependant de préciser qu'un membre du Christ ou une Église locale ne saurait s'installer totalement dans sa différence jusqu'à en faire l'essentiel de la vie chrétienne. En fait, la grâce qui fait exister le corps ecclésial insère dans une solidarité active avec les autres membres du même corps. C'est pour cela et à cause de son origine dans le rassemblement pascal que l'Église de Dieu se refuse à l'atomisation de son tissu[180].

Nous nous inscrivons ici dans la logique de l'unité ecclésiale pour laquelle l'Église conteste la confusion entre l'affirmation de la différence et l'enfermement sur soi sous prétexte d'indépendance. L'ecclésiologie de communion insiste, pour cela, sur la primauté radicale des biens de grâce indivis transcendant les particularismes. Ils sont comme la substance à laquelle les différences donnent une couleur propre[181].

Il en ressort que l'Église locale doit rester critique à l'égard de sa différence et juger cette dernière à la lumière des valeurs ecclésiales indivises car c'est à travers celles-ci que l'on affirme vigoureusement les différences.

« En effet, plus le fond commun est ferme et profond, plus les différences ont l'espace de jeu et de liberté nécessaire à leur pleine expression. Les formes propres, les incarnations historiques particulières, voire les objectifs et les intérêts spécifiques peuvent s'accorder réciproquement des

---

[178] J.-M.R. TILLARD, *Chair de l'Église, chair du Christ*, p. 23.
[179] J.-M.R. TILLARD, *Chair de l'Église, chair du Christ*, p. 23.
[180] Cf. J.-M.R. TILLARD, *Chair de l'Église, chair du Christ*, p. 23.
[181] Cf. J.-M.R. TILLARD, *Chair de l'Église, chair du Christ*, p. 23-24.

droits à l'existence lorsque les absolus communs se trouvent garantis et que leur présent n'est pas mis en cause, chacun sachant se reconnaître dans l'autre »[182].

Un des obstacles à la communion ecclésiale serait ainsi l'attitude consistant à s'enfoncer dans sa différence au point de ne voir qu'elle. Une Église locale qui aurait cette attitude s'exclurait, du corps ecclésial, mieux se couperait de la liberté d'être une *portio populi Dei,* qu'une secte, elle se serait refusé d'être dans sa spécificité d'Église[183].

C'est dans ce sens que Tillard affirme :

> « vivre sa "différence", au contraire, dans la *communion*, revient à lui donner tout son champ, dans l'*Agapè*... De nouveau nous retrouvons ce qui nous paraît une évidence évangélique : la relation "l'autre" permet jusqu'à la "différence" de trouver sa plénitude. "L'autre" a sur moi autorité, mais cette autorité sauve mon propre moi, dans la *communion*. Elle ne l'étouffe pas, ne le réduit pas. Elle l'enchâsse. Ce qui vaut du membre dans le corps, selon la pensée explicite de la lettre aux Éphésiens, vaut aussi de l'Église locale dans la communion de toutes les Églises de Dieu »[184].

Dans les premiers mots de sa première lettre aux Corinthiens (1 Co 1,2-3), Paul associe tous ceux qui invoquent, en tout lieu, le nom de Jésus, à la salutation qu'il adresse à l'Église locale de Corinthe montrant ainsi la relation qui doit caractériser chaque Église avec les autres communautés, même les plus éloignées[185]. Il en est ainsi pour chaque personne avec sa communauté locale.

Dans la perspective paulinienne, la générosité des Églises plus riches manifeste la vérité de la vie nouvelle donnée aux croyants et glorifie Dieu. « L'Église de Dieu n'est pas, pour Paul, la somme des Églises autonomes, leur coexistence en bon voisinage. Elle est communion de ces Églises »[186].

En somme, reconnaître la loyauté de la différence n'a rien d'une absolutisation de la différence comme le note Tillard :

> « l'inculturation ne peut déboucher sur une absolutisation des différences ou la prétention qu'aurait l'une ou l'autre des communautés de réaliser en elle la seule incarnation valable de l'Église de Dieu. Il appartient à l'identité de l'Église locale d'être un groupe qui ne se retranche pas sur son particularisme qu'il transformerait en absolu. Elle est celle qui, si inculturé qu'y soit le christianisme, confesse et célèbre la foi qui se vit aussi *hic et nunc* ailleurs, qui fut vécue dans le passé depuis Pentecôte, qui se vivra dans le futur jusqu'à l'Avènement du Seigneur. L'Église locale ne trouve son identité que dans cette totalité »[187].

---

[182] J.-M.R. TILLARD, *Chair de l'Église, chair du Christ*, p. 24.
[183] Cf. J.-M.R. TILLARD, *Chair de l'Église, chair du Christ*, p. 24.
[184] J.-M.R. TILLARD, *Chair de l'Église, chair du Christ*, p. 24.
[185] Cf. J.-M.R. TILLARD, *Chair de l'Église, chair du Christ*, p. 25.
[186] J.-M.R. TILLARD, *Chair de l'Église, chair du Christ*, p. 26.
[187] J.-M.R. TILLARD, *Église d'Églises*, p. 327.

2. Au-delà de la tension entre communion et différence

Nous partons ici du postulat que la communion ecclésiale est l'expression de la fidélité de l'Église à l'évangile. Il est indéniable que la communion des Églises locales est associée à l'enseignement des apôtres qui est le socle de l'unité au-delà de ce qui les différencie les unes des autres. La question est alors celle de comment dépasser la tension existentielle entre communion et différence. Nous remarquerons que c'est la redécouverte de la richesse intrinsèque à la différence qui en constitue la réconciliation.

Tillard considère que c'est dans l'Église locale que se manifeste la richesse de la diversité, surtout lorsqu'elle est ouverte aux autres. Pour lui, « l'Église "reçoit" la vie, la pratique, la doctrine, la discipline d'une autre Église, elle le fait dans un jugement qui accepte la diversité, le pluralisme des expressions et des formes »[188].

Notons que cette diversité n'est pas seulement conscrite en fonction des rites et symboles religieux, mais elle est surtout comprise comme spécification culturelle, contextuelle, religieuse, historique et géographique de l'Église. En articulant ces différents terreaux d'incarnation avec la catholicité, Tillard corrèle l'unité à la diversité. Cette corrélation qui se révèle courante dans son œuvre ecclésiologique promeut, restant sauve l'unité de foi et de vie ecclésiale, les richesses propres à chaque race, chaque tempérament, chaque culture, chaque terrain religieux et chaque histoire[189].

Il va de soi que la différence, loin d'être en opposition avec l'unité, constitue autant que celle-ci un élément de la communion et, grâce à elle, l'unité devient différente de l'uniformité. En effet, la reconnaissance de la différence est, dirions-nous, le fondement de « la nécessaire variété des expressions verbales, des contextes culturels, des enracinements religieux dans les traditions des peuples, des formes liturgiques, des incarnations dans les problèmes humains »[190]. Cette notion de la différence rejoint celle de la communion dans l'ecclésiologie tillardienne.

Au fait, Tillard s'évertue à démontrer que la communion est manifestée lorsqu'on fait émerger la réalité commune cachée sous les différences et que la différence reçoit pleinement sa noblesse[191].

Dans cette perspective la communion devient, pour les Églises locales, affirmation et reconnaissance de la différence. Il faut dire que ces Églises conjuguent « la vie évangélique et la mission sur un même

---

[188] J.-M.R. TILLARD, *Église d'Églises*, p. 175.
[189] Cf. J.-M.R. TILLARD, *Église d'Églises*, p. 175.
[190] J.-M.R. TILLARD, *Église d'Églises*, p. 213.
[191] Cf. J.-M.R. TILLARD, *Chair de l'Église, chair du Christ*, p. 22.

segment d'humanité dont elles ont en commun les traits, les problèmes, les besoins, les aspirations, les caractéristiques culturelles mais aussi les dons, les richesses traditionnelles, les puissances de vie »[192] . Tillard souligne avec insistance le fait que la légitimité de la différence préserve l'unité non seulement de sombrer dans l'uniformité mais aussi du danger des maux contemporains du tribalisme ethnique, du clanisme raciste et du nationalisme autonomiste[193] .

Cette réalité de la différence trouve aussi son fondement dans la communion trinitaire qui l'intègre et assure son essence du point de vue théologique. C'est ainsi que l'Eucharistie manifeste l'unité différenciée de l'Église comme accueil de la différence et acceptation du pluralisme. Traversée par le dynamisme de la Pentecôte, cette unité qui triomphe de Babel s'oppose à toute uniformité qui refoulerait ou nierait les richesses propres à chaque race, tempérament, culture, terrain religieux et histoire[194] .

3. La communion ecclésiale : l'unité dans la diversité

Au sujet de la communion ecclésiale, Tillard recherche toute la précision dans l'explication de l'unité dans la diversité, surtout quand il s'agit de la communion des Églises locales.

Pour lui,

> « l'ensemble des communautés ecclésiales affirment que l'unité accomplie par la Parole, le pain et la coupe eucharistiques est la *communio – koinônia* ecclésiale. La tradition patristique reconnaît que le tissu de l'Église est fait des liens de communion fondés dans la fraternité du corps du Christ. Les pères enseignent unanimement que la communion de partage avec les communautés dans le besoin est une forme concrète de l'*agapè* dont vit l'Église. La législation la plus ancienne statue sur le partage intraecclésial, spécialement entre prédicateurs et communautés. Enfin, la main droite de *koinônia* que *Céphas* (Pierre), Jacques et Jean donnent à Paul et Barnabé est comprise comme le signe de la communion réelle de toutes les Églises locales dans la diversité de leurs pratiques »[195].

L'Église locale veut donc assurer le ministère d'unité par la solidarité entre ses membres et par sa relation aux autres Églises locales pour le salut de tous.

---

[192] J.-M.R. TILLARD, *Le « statut » théologique des conférences épiscopales. Réponse*, dans Hervé LEGRAND, Julio MANZANARES et Antonio GARCIA Y GARCIA (éd.), *Les conférences épiscopales. Théologie, statut canonique, avenir. Actes du Colloque international de Salamanque* (Cogitatio fidei, 149), Paris, Cerf, 1988, p. 297.
[193] Cf. J.-M.R. TILLARD, *L'Église locale*, p. 190.
[194] Cf. J.-M.R. TILLARD, *Église d'Églises*, p. 175.
[195] J.-M.R. TILLARD, *Communion*, dans Jean-Yves LACOSTE (éd.), *Dictionnaire critique de la théologie*, p. 291.

a) L'Église locale, ministre de l'unité[196]

Parlant de l'Église locale comme lieu de communion, Tillard affirme qu'elle est « tout simplement un espace d'humanité – avec ses caractéristiques spécifiques, ses racines culturelles, ses traditions, ses déterminismes historiques, ses problèmes – saisie par l'Esprit du Christ ressuscité et, ainsi passé dans la *koinonia* »[197].

Pour lui, « l'Église locale est bien autre chose qu'une section de l'Église universelle. Elle est l'Église prenant forme avec toute sa sève dans une portion de l'humanité, afin de la sauver en l'insérant dans la communion universelle de toutes les communautés vivant de la même grâce, en ayant vécu et qui en vivront jusqu'au jour du Fils de l'homme»[198].

Pour cette raison,

> « la responsabilité de l'Église locale face au problème de la division peut se résumer ainsi : faire en sorte que ce que l'Esprit lui donne et ce qu'elle proclame à la célébration eucharistique passent en vérité dans son être et son agir. En d'autres termes, elle doit vivre dans la vérité de son eucharistie et pour cette vérité. Qu'elle soit ce qu'elle reçoit, dirait Augustin. Et puisque ce qu'elle reçoit est le corps de la réconciliation, de la *koinônia* universelle, de la *catholica*, elle a à vivre avec le "souci de toutes les Églises", entendons "de la communion de tous les baptisés" dans la grâce de l'Esprit du Ressuscité. Ce souci devrait être tel qu'il appartienne à sa prière, détermine certaines de ses entreprises et même habite ses options pastorales les plus déterminantes. Car si, du fait de la division, l'"universalité" de l'Église de Dieu se voit gravement blessée, c'est elle-même – comme Église locale et en ce qui fait son être profond – qui en est atteinte, gravement. Le *ut sint unum* n'a rien d'un vœu *ad bene esse*. Il exprime une volonté du Christ sur la nature de son Peuple »[199].

À tout point de vue, l'évêque qui a la charge pastorale d'une Église existant en un lieu et dans une culture doit être habité du souci de l'unité, d'abord entre les membres de cette Église et ensuite entre les Églises qui sont constituées, par la communion, en Église de Dieu. En effet, l'unité n'est pas accessoire à la mission de l'évêque dans l'Église locale. C'est ainsi que lorsqu'il célèbre l'eucharistie avec son peuple, il ne peut oublier les autres baptisés, membres du corps du Christ par leur baptême, incapables, pour l'instant où l'eucharistie est célébrée, de clamer le Amen qui scelle son Anaphore[200].

---

[196] Ce titre que nous tenons de Tillard résume toute la mission de l'Église locale d'être au service de l'unité des croyants à l'intérieur de leur communauté et dans leurs relations avec les autres communautés.
[197] J.-M.R. TILLARD, *Le local et l'universel dans l'Église de Dieu,* dans *P.O. C.,* 37 (1987), p. 229.
[198] J.-M.R. TILLARD, *L'universel et le local. Réflexion sur l'Église universelle et Églises locales,* dans *Irénikon,* 61 (1988), p. 39.
[199] J.-M.R. TILLARD, *Église d'Églises,* p. 283.
[200] Cf. J.-M.R. TILLARD, *Église d'Églises,* p. 283.

Dans « sa propre identité, une Église locale est d'abord censée se montrer telle que les autres Églises locales – rassemblées par une eucharistie vraie – puissent se *reconnaître* en elle. Et cela implique tout autant l'évêque (et son *presbyterium*) que la communauté »[201].

C'est pour cela que la communauté eucharistique locale, autrement dit,

> « l'Église "qui est en tel lieu" se reconnaît en *communion* avec toutes les communautés eucharistiques actuellement dispersées de par le monde, avec celles qui ont existé depuis Pentecôte et existeront jusqu'au jour du Seigneur, avec la liturgie des élus, c'est également refuser que l'Eglise se confine dans les frontières qui fragmentent l'humanité et donner à sa catholicité l'ampleur d'une réconciliation impliquant toute la création dans la *communion* de Dieu »[202].

Pour Tillard, le thème de la reconnaissance est une catégorie essentielle dans la communion ecclésiale. Écoutons-le dans la définition qu'il en donne.

> « Par *re-connaissance* on entend, en ce contexte, l'attitude par laquelle une Église discerne sous les diversités d'expressions ou de rites et sous la pluralité des traditions la foi et la pratique évangéliques qui sont les siennes. En d'autres termes, dans la différence des vocables et des formes, la multiplicité des réponses exigées par l'extrême mobilité des situations, voire la variété des lectures et des interprétations, elle perçoit la même fidélité à la même et unique Révélation »[203].

Ce processus se vérifie dans les Églises catholiques et permet aux uns et aux autres de reconnaître leur propre eucharistie dans la célébration dominicale d'une autre communauté. Ainsi un chrétien catholique parisien ne sera pas étranger à une eucharistie célébrée à Varsovie[204].

L'unité des Églises locales requiert « que chaque Église locale – dans la communion de l'évêque et du peuple fidèle qui la constitue – se montre extrêmement limpide sur le contenu de sa foi et le sens que lui donne son attachement à la Tradition apostolique. Elle n'est pas l'Église de telle ou telle théologie, mais l'Église d'une foi pouvant se sentir plus en sympathie avec telle théologie ou telle pratique qu'avec telle autre »[205]. Notons qu'il est ici question des Églises locales qui sont en communion dans la grande Tradition apostolique.

Par ailleurs, Tillard affirme que :

> « les situations obligent certaines de ces Églises locales à des décisions courageuses, les amenant parfois à rompre avec des façons de faire que d'autres Églises locales peuvent conserver ou à instaurer de nouveaux types de comportement. Il doit alors apparaître nettement – il appartient à

---

[201] Cf. J.-M.R. TILLARD, *Église d'Églises*, p. 284.
[202] J.-M.R. TILLARD, *Chair de l'Église, chair du Christ*, p. 156.
[203] J.-M.R. TILLARD, *Église d'Églises*, p. 284.
[204] Cf. J.-M.R. TILLARD, *Église d'Églises*, p. 284.
[205] J.-M.R. TILLARD, *Église d'Églises*, p. 284-285.

l'évêque de s'en soucier – que cette évolution s'accomplit à l'intérieur de la foi traditionnelle et pour elle afin de mieux correspondre à son exigence »[206].

Résumons-nous en disant que « l'Église locale – évêque et peuple fidèle, chacun à sa place – sert l'unité lorsqu'elle admet non seulement qu'il y a chez "les autres" d'authentiques valeurs évangéliques mais même que grâce à ces "autres" elle se renouvelle en ces valeurs. Il y a un œcuménisme de l'Esprit Saint créant des liens spirituels bien avant que les chrétiens en arrivent à s'accepter mutuellement. Il transcende ainsi leur péché »[207]. Cette unité ecclésiale dont l'Église locale a mission d'être ministre est aussi voie du salut pour tous les membres de l'Église de Dieu.

b) La communion d'Églises locales et le salut

La nature de l'Église qui s'accomplit dans toutes les communautés veut qu'elle soit communion et non addition des Églises de Dieu dispersées par toute la terre et au long de l'histoire, chacune ayant ses traits propres. C'est cette communion d'Églises locales que Tillard appelle Église d'Églises.

> « D'une part, elle ne peut exister qu'en elles et par elles, mais à condition que déjà chacune soit une authentique *communion* constituée par l'Esprit, dans le terreau local, autour du témoignage apostolique. D'autre part, singulières, toutes doivent néanmoins se "reconnaître" les unes dans les autres. D'emblée, le local – avec ce qu'il comporte de culturel, de "contextuel" de géographique, de religieux, d'historique – appartient au matériau où s'incarne en sa vérité l'*Ekklesia tou Theou* »[208].

Tillard exprime sa conviction que la communion en Dieu est la voie du salut en disant : « s'il fallait résumer en un seul mot le contenu concret du salut, tant individuel que collectif, annoncé dans l'Évangile de Dieu, nous emploierions, à la suite de beaucoup de Pères, *communion*, le mot résumant les sommaires des Actes. Pour la pensée biblique, telle que les premiers siècles la comprennent, le Salut s'appelle *communion* »[209].

Nous comprenons dès lors que le salut ne trouve sa pleine signification que dans la communion qui devient plus large que celle des Églises. Il y a là de quoi puiser dans ce qui fait l'aspiration de l'humanité tout entière et qui attendrait de l'Église un exemple de communion et d'unité au sein d'une société déboussolée. Il n'est pas fortuit que jusqu'à nos jours la pensée juive et chrétienne ait véhiculé

---

[206] J.-M.R. TILLARD, *Église d'Églises*, p. 285.
[207] J.-M.R. TILLARD, *Église d'Églises*, p. 289-290.
[208] J.-M.R. TILLARD, *Église d'Églises*, p. 30.
[209] J.-M.R. TILLARD, *Église d'Églises*, p. 33.

une vision de l'homme authentique soulignant que la créature humaine ne trouve sa vérité et n'affirme sa pleine singularité que dans la communion[210].

Le drame de notre histoire est précisément que l'homme soit devenu un être d'isolement, créant un monde cassé où les individus se côtoient sans instaurer d'authentiques liens de communion. L'humanité s'est ainsi condamnée à ne pas exister en vérité. Elle s'est réduite à ne devenir guère plus qu'un collage d'individus. La personne ne s'y accomplit pas. Car ne pas être accaparé par soi-même, regarder toujours du côté du *toi* et de *nous*, telle est la condition fondamentale pour que la personne puisse exister. À la limite de l'égocentrisme, l'homme est un être entièrement privé de personnalité. La personne, métaphysiquement, est sociale, elle a besoin de communier avec autrui. La lutte pour la personne est une lutte contre l'egomanie[211].

La phrase historique du philosophe Martin Buber qui dit que « toute vie véritable est rencontre et que *Je* n'existe que par le *Tu* et que c'est en devenant *Je* que je dis *Tu* »[212] s'inscrit dans la logique d'une singularité qui ne s'assouvit que dans une solidarité accueillie et recherchée[213].

C'est ainsi que l'on peut décrire l'être humain comme « foyer de fraternités discernables ou non, pluriel et pourtant singulier »[214]. Il faut par ailleurs noter que cette communion fait exister une singularité qui ne sera jamais reproduite. C'est pourquoi, communion et singularité dessinent ensemble la nature de l'être créé à l'image et ressemblance d'un Dieu dont la foi chrétienne proclame la nature trinitaire[215]. Tel est le rôle que doit jouer toute Église locale y compris chacune de ses communautés dont la solidarité entre les fidèles devient un témoignage parlant.

c) Solidarité des fidèles dans l'Église-communion

Pour commencer ce paragraphe, disons que « les croyants que le Seigneur ressuscité rassemble dans le feu de l'Esprit sont *devant Dieu* cœur unique et âme unique dans la foi et la prière, le partage des biens spirituels et matériels, les rapports sociaux de fraternité qu'appelle l'exigence du Royaume. Leur solidarité vivante (*koinônia*) est réalisation de l'*Agapè* mais sous une forme extrêmement

---

[210] Cf. Alain FINKIELKRAUT, *La sagesse de l'amour*, Paris, Cerf, 1984, cité par J.-M.R. TILLARD, *Église d'Églises*, p. 33. À ce propos, TILLARD réfère aussi à Emmanuel LEVINAS *De l'existence à l'existant*, Paris, Cerf, 1947 et Martin BUBER, *La vie en dialogue*, Paris, Cerf, 1959.

[211] Cf. Nicolas BERDIAEFF, *Cinq méditations sur l'existence*, Paris, Cerf, 1936, p. 173-175, cité par J.-M.R. TILLARD, *Église d'Églises*, p. 33-34.

[212] Martin BUBER, *La vie en dialogue*, p. 13 cité par J.-M.R. TILLARD, *Église d'Églises*, p. 34.

[213] Cf. J.-M.R. TILLARD, *Église d'Églises*, p. 34.

[214] Pierre EMMANUEL, *La face humaine*, Paris, Cerf, 1965, p. 246, cité par J.-M.R. TILLARD, *Église d'Églises*, p. 34.

[215] Cf. J.-M.R. TILLARD, *Église d'Églises*, p. 34.

concrète où jamais la relation à Dieu (qui est première et déterminante) n'est coupée d'une relation aux autres »[216].

La « solidarité de *communion* vient du lien entre Christ et Esprit dans lequel introduit le baptême. Irénée l'a perçu, au seuil de la réflexion de l'Église sur son être : "c'est l'Esprit […] qui a pouvoir sur tous les peuples pour les introduire à la vie et leur ouvrir la Nouvelle Alliance. C'est pourquoi, s'unissant à toutes les langues (les Apôtres à la Pentecôte) chantaient une hymne à Dieu. *L'Esprit ramenait à l'unité toutes les races éloignées, et offrait au Père les prémices de tous les peuples.* Voilà pourquoi aussi le Seigneur a promis de nous envoyer le paraclet, qui nous adapte à Dieu (…) »[217].

Pour cela, la solidarité et la communion fraternelle entre les chrétiens de tous les coins où l'Évangile est annoncé tiennent à ce qu'ils sont enracinés dans la communion au Christ. Ainsi ils forment un corps de communion. Pour l'expliquer Tillard fait un commentaire du passage de la lettre de saint Jacques (4,13 – 5,6) en ces termes : « La lettre s'achève sur une riche évocation de la dimension communautaire de l'existence des croyants. Elle a été retenue en particulier par la théologie catholique. La prière personnelle est recommandée, mais on montre qu'elle ne suffit pas. Dans les situations de besoin qui ponctuent la vie humaine et surtout dans les nécessités propres à la fidélité chrétienne, il faut recourir à la communauté »[218]. Pour cette raison, conclut-il, « il n'y a pas de vie de grâce dans l'isolement »[219].

Il ne suffit donc pas de dire que le salut vient du Christ, qui l'a acquis, faut-il ajouter que le partage, le souci mutuel, la mise en commun qui caractérisent la communauté et en font une communion dépendent de la réalité du don de Dieu en Jésus Christ, principe de la communion fraternelle. C'est de là que vient, pour les croyants, l'exigence d'une vie de fraternité, d'une attention aux autres, d'une responsabilité à leur endroit. Voilà pourquoi Tillard considère que la communion subjective inscrite dans le réseau des relations fraternelles est la conséquence de la communion objective qui est la participation à l'unique réalité de la grâce présente dans le Christ Jésus[220].

Pour notre part, disons qu'il n'est pas anodin que la vie baptismale soit mise en relation d'amour et de service mutuels pour l'édification de la communauté au point que l'apôtre Pierre parle des pierres vivantes édifiées en maison spirituelle dont la communauté est dite race élue, peuple sacerdotal et nation sainte (cf. 1 P 2,4-5.9-10).

---

[216] Cf. J.-M.R. TILLARD, *Chair de l'Église, chair du Christ*, p. 39.
[217] IRÉNÉE DE LYON, *Adv. Haer.*, III, 17, 1-3 (SC 211), p. 328, cité par J.-M.R. TILLARD, *Chair de l'Église, chair du Christ*, p. 45-46.
[218] J.-M.R. TILLARD, *Chair de l'Église, chair du Christ*, p. 33-34.
[219] J.-M.R. TILLARD, *Chair de l'Église, chair du Christ*, p. 34.
[220] Cf. J.-M.R. TILLARD, *Église d'Églises*, p. 197.

De la sorte,

> « la *communion* des croyants, leur totalité comme telle, est ici qualifiée de sacerdotale. Et c'est en elle, "demeure du roi" (*basileion*), que s'accomplissent les sacrifices spirituels (*pneumatikai thusiai*) du Peuple de Dieu. Le contexte indique que ceux-ci désignent essentiellement non pas d'abord les actions liturgiques cultuelles mais les actes existentiels de vie sainte de cette communauté. Sa *communion* vient fondamentalement de l'Esprit, et elle sert Dieu dans les actions quotidiennes des membres »[221].

La communion des croyants découle donc de leur insertion « dans le réseau de relations fondées sur le baptême qui ensemble font de la communauté non un agrégat de personnes "se sanctifiant" mais l'unique et indivisible "communauté sacerdotale du roi", la "demeure spirituelle" de Dieu »[222].

De la sorte, « la personne n'est pierre vivante de la "maison spirituelle" (1 P 2,5) qu'en demeurant soudée aux autres et en agissant dans la conscience de cette soudure, en fonction de la grâce qui l'intègre à la "communauté sacerdotale" »[223]. Par conséquent, « l'Église – car c'est bien d'elle qu'il s'agit – a pour chair le tissu de relations fraternelles que fait naître entre les baptisés "l'Esprit de gloire et de puissance" (1 P 4,14) »[224]. Au final « la "sainteté" du fidèle est tissée dans le réseau de fraternité, de "communauté" en acte de *communion* »[225].

D. Lieux expressifs de la communion des Églises locales

Lorsque Tillard parle de la communion visible des Églises locales, il envisage le ministère de l'évêque de Rome en communion avec les évêques des autres Églises locales. C'est ainsi qu'il traite de manière distincte les titres de « Serviteur des serviteurs de Dieu » et de « l'évêque de l'Église de Rome »[226]. Nous voulons dans ce paragraphe, à la lumière de la réflexion de notre auteur, comprendre dans quelle mesure ces lieux de communion ecclésiale favorisent l'unité des Églises locales, vécue de manière concrète dans la synaxe eucharistique.

1. La communion des Églises locales dans la synaxe eucharistique

Lorsqu'on entre dans la lecture de l'œuvre ecclésiologique de Tillard, on se rend tout de suite compte de la place qu'y occupe la théologie de l'eucharistie. Celle-ci joue un rôle fondamental dans toute son

---

[221] J.-M.R. TILLARD, *Chair de l'Église, chair du Christ*, p. 37.
[222] J.-M.R. TILLARD, *Chair de l'Église, chair du Christ*, p. 38.
[223] J.-M.R. TILLARD, *Chair de l'Église, chair du Christ*, p. 38.
[224] J.-M.R. TILLARD, *Chair de l'Église, chair du Christ*, p. 38.
[225] J.-M.R. TILLARD, *Chair de l'Église, chair du Christ*, p. 38.
[226] Cf. J.-M.R. TILLARD, *Église d'Églises*, p. 324-384.

œuvre. « A toutes les étapes de sa recherche sur l'ecclésiologie de communion, la synaxe eucharistique semble jouer un rôle fondamental »[227].

En effet, pour Tillard, « La *communion* ecclésiale à la fois s'exprime en sa visibilité et se construit en sa profondeur dans l'acte d'Église par excellence qu'est la synaxe eucharistique. Cette relation spéciale entre l'eucharistie et la *communion* visible tient à plusieurs raisons »[228] : outre qu' « au cœur de la *communion* eucharistique se trouve évidemment la communauté locale qui célèbre le Mémorial »[229], on ne peut pas ignorer que « dans le partage de l'unique pain rompu et de la coupe, les participants se trouvent saisis en l'unique et indivisible corps du Seigneur qui leur est vraiment donné. De tout âge, de toute condition sociale, de tout parti, de toute race, de toute culture, hommes comme femmes, pécheurs repentants comme saintes personnes, clercs comme laïcs, rivaux comme alliés dans la vie civile, ils ne forment ainsi en vérité qu'un seul corps »[230].

Aussi cette communion a une plus grande visibilité lorsque le président de la synaxe invite le ministre d'une autre communauté, de passage, à concélébrer avec lui. Et elle s'exprime quotidiennement dans le fait qu'un chrétien d'une communauté participe à la célébration d'une autre Église locale sans se sentir autrement qu'en toute eucharistie il est chez lui[231].

Nous pouvons justement rappeler que « cette *communion* géographique se trouve elle-même à l'intérieur d'une *communion* plus englobante. C'est celle qui traverse l'histoire, de la première eucharistie apostolique à celles qui se célèbreront aux derniers jours précédant la parousie du Fils de l'homme »[232].

Nous découvrons ici la richesse de l'expression selon laquelle « l'Église est eucharistique » en ce sens que l'eucharistie « concerne, inséparablement, l'être profond de l'Église de Dieu et l'expression visible de la *koinônia* ecclésiale[233].

« Il n'est donc de pleine et parfaite *communion* visible, celle que veut le Christ, que là où il est possible de rassembler une authentique *synaxe* eucharistique. Ce que nous avons évoqué de la *communion* avec Israël jusque dans l'Eucharistie montre déjà que néanmoins la communion admet des degrés. Aucun de ceux-ci ne saurait être éliminé. Ensemble ils constituent l'univers ecclésial. Celui-ci – tout entier saisi dans la fidélité de Dieu – a certes son centre et sa plénitude, rendue visible, dans la *koinônia* eucharistique, lieu de l'authentique manifestation du dessein divin. Mais

---

[227] Lorraine CAZA, *Le théologien*, dans Gillian R. EVANS et Michel GOURGUES, *Communion et réunion. Mélanges Jean-Marie Roger Tillard*, Louvain, Leuven University Press, 1995, p. 39.
[228] J.-M.R. TILLARD, *Église d'Églises*, p. 57.
[229] J.-M.R. TILLARD, *Église d'Églises*, p. 57.
[230] J.-M.R. TILLARD, *Église d'Églises*, p. 57.
[231] Cf. J.-M.R. TILLARD, *Église d'Églises*, p. 58.
[232] J.-M.R. TILLARD, *Église d'Églises*, p. 58.
[233] Cf. J.-M.R. TILLARD, *Église d'Églises*, p. 58.

il ne saurait être question de "tout ou rien". L'eucharistie noue une *communion* déjà donnée mais qui n'a pas encore son sceau. Ce centre de plénitude et de vérité se trouve entouré de zones de plus ou moins grande *communion* »[234].

La question de la présidence de la synaxe eucharistie est mise en lien avec celle de la présidence de la communauté : « La synaxe eucharistique étant le rassemblement de la communauté entière autour du Christ, "tête" de son Peuple au double sens du mot *kephalè*, il devient alors normal que celui qui la préside soit celui-là même qui préside quotidiennement à son unité et sa charité »[235].

À l'instar des tenants de l'ecclésiologie eucharistique, Tillard fait une place de choix à Ignace d'Antioche pour qui la fonction eucharistique du ministère est centrale dans la vision de l'Église locale. « Ignace va de la fonction "unitive" de l'évêque à sa présidence "eucharistique", et non *vice versa*. En d'autres termes, il perçoit dans la structure de la synaxe le moment où la réalité même de l'Église locale se manifeste en sa claire vérité »[236].

La synaxe eucharistique rend visible non seulement la communion des Églises locales mais aussi et surtout la communion des membres de la communauté rassemblée. Pour cette raison, « quoique la synaxe eucharistique ne puisse pas s'accomplir sans le ministre, il importe de répéter que le rôle de celui-ci est de permettre à la communauté *comme telle* d'y exercer *le* sacerdoce »[237].

Dans la foulée, Tillard précise que

« la nécessité de l'intervention du ministre ordonné vient du besoin de mettre la communauté en *communion* avec le groupe des Apôtres et l' « une-fois-pour-toutes » du lien de celui-ci au Christ. De la dernière cène à la dernière eucharistie que l'Église célébrera dans l'histoire, il n'y a qu'une eucharistie ; exactement comme du premier "enseignement" évangélique à la dernière parole évangélique qui sera annoncée sur cette terre il n'y a qu'une parole – celle du dépôt de la foi apostolique – sans cesse redite, inaltérée, dans la puissance de l'Esprit. La célébration eucharistique s'inscrit dans la même économie que la *paradosis* du dépôt de la foi »[238].

Notre auteur est de cet avis que dans la vie ecclésiale, c'est la fraternité, visage humain de la communion, qui structure la vie de l'Église de telle sorte que supprimer la fraternité à l'intérieur et en dehors de l'Église, c'est provoquer son effondrement. Ainsi l'Église locale est communion mutuelle en Jésus-Christ, le don de Dieu. Non seulement l'Esprit la rassemble autour du sacrement du don, l'eucharistie, mais il fait de la fraternité la trame de toute son existence de corps du Christ[239].

---

[234] J.-M.R. TILLARD, *Église d'Églises*, p. 60.
[235] J.-M.R. TILLARD, *Église d'Églises*, p. 256-237.
[236] J.-M.R. TILLARD, *Église d'Églises*, p. 237.
[237] J.-M.R. TILLARD, *Église d'Églises*, p. 239.
[238] J.-M.R. TILLARD, *Église d'Églises*, p. 239-240.
[239] Cf. J.-M.R. TILLARD, *L'Église locale*, p. 219.

C'est ce corps ecclésial qui doit être la communion en laquelle le baptême introduit et que l'eucharistie scelle et signifie[240].

Ainsi « l'Eucharistie n'est pas seulement "la fontaine de grâces à laquelle on vient s'abreuver lorsqu'on a soif". Elle est l'événement sacramentel où l'Église "qui est en tel lieu" exprime sa nature de rassemblement de la diversité humaine, dans le Christ qui la réconcilie avec le Père et entre elle »[241].

De la sorte,

> « quand le peuple de l'Alliance nouvelle célèbre le mémorial, il se trouve en communion profonde avec le peuple de l'ancienne Alliance : l'événement de la pâque du Christ surgit dans l'atmosphère que crée à Jérusalem la célébration du mémorial pascal, atmosphère qui imbibe d'ailleurs tous les récits de la passion (...). La sacramentalité de la pâque juive assure ainsi l'enracinement de l'événement pascal du Christ dans la totalité du dessein de Dieu »[242].

Ainsi dans le grand *Amen* qui scelle l'Anaphore se trouve exprimée de manière maximale à la synaxe eucharistique, cette communion qui se vit jusque dans la prière personnelle[243].

Pour Tillard, cette réalité de communion visible à la synaxe eucharistique nous permet de parler de chair d'Église pour ne pas faire de l'Église une réalité purement invisible. L'Église, dans sa « chair » est un tissu de relations où personne ne doit vivre en solitaire. Chaque chrétien se dessaisit de lui-même et son être chrétien devient inséparable de celui des autres dans une communion venant du lien qu'ils ont en la Trinité. Ainsi l'Église n'est ni une juxtaposition d'individus ni un vaste organisme de solidarité[244]. Il en découle qu'une communauté vraiment eucharistique ne peut se replier sur elle-même, comme si elle était autosuffisante, mais qu'elle doit être en syntonie avec chaque autre communauté.

Dans l'Eucharistie chaque communauté se reconnaît en communion avec les autres communautés qui offrent le même sacrifice. Ainsi on ne peut pas considérer l'Église comme une réalité vague et abstraite. On ne peut pas non plus la confiner à l'intérieur des frontières[245].

C'est dans ce cadre qu'il convient de comprendre les mots par lesquels Tillard introduit le dernier chapitre de son *Église d'Églises* :

---

[240] Cf. J.-M.R. TILLARD, *Chair de l'Église, chair du Christ*, p. 7.
[241] J.-M.R. TILLARD, *Chair de l'Église, chair du Christ*, p. 9.
[242] J.-M.R. TILLARD, *Les sacrements de l'Église*, dans *Initiation à la pratique de la théologie*, t. 3, Paris, Cerf, 1983, p. 442-443.
[243] Cf. J.-M.R. TILLARD, *Église d'Églises*, p. 214.
[244] Cf. J.-M.R. TILLARD, *Chair de l'Église, chair du Christ*, p. 155-156. Cette réflexion sur l'eucharistie comme fondement et expression de la communion des fidèles entre eux et avec Dieu a été au centre de l'enseignement du Pape Jean-Paul II dans sa *lettre encyclique "Ecclesia de Eucharistia"*, 39.
[245] Cf. J.-M.R. TILLARD, *Chair de l'Église, chair du Christ*, p. 156.

« la *communion* profonde que l'Eucharistie – et elle seule – accomplit n'émerge de façon visible que lorsque ceux qui président la synaxe aujourd'hui partout dans le monde et qui l'ont présidée depuis Pentecôte, comme icône du Christ "rassemblant dans l'unité" le Peuple de Dieu, sont eux-mêmes noués en un seul corps ministériel. Ils forment ainsi, dans leur multitude, un seul agent du rassemblement ecclésial. La Tradition dit qu'ils sont un collège ayant pour nœud le ministère d'unité de l'un d'entre eux. Elle y voit une exigence de la *communion* »[246].

2. L'évêque de Rome : serviteur des serviteurs de Dieu dans la communion des Églises

Partant de l'affirmation selon laquelle, un des grands acquis du Concile Vatican II est d'avoir inscrit le ministère pontifical dans celui confié à tout le corps épiscopal, nous en arrivons à dire que l'évêque de l'Église locale de Rome n'est pas au-dessus du corps épiscopal mais bien au contraire un évêque parmi les autres.

Reprenant à notre compte la conviction de Tillard, nous affirmons que « la papauté n'est pas un sacrement, ni même un degré dans la plénitude du sacrement de l'ordre. Elle est une façon particulière de mettre en œuvre la grâce épiscopale, sacramentelle, commune »[247].

Le fait que la fonction de l'évêque de Rome soit insérée dans la mission de l'épiscopat, cela confirme l'hypothèse de Tillard qui veut que, d'une part, l'Église ne soit « ni addition de parties, ni tout partagé : elle est *communion* d'Églises locales, *Église d'Églises*. D'autre part, en son Église locale, chaque évêque, surtout par l'enseignement de la foi et la présidence de l'eucharistie, a mission de garder la communauté dans une fidélité sans faille à ce qui s'est transmis et vécu depuis les apôtres »[248]. Cette charge épiscopale est accomplie dans une harmonie totale avec les autres Églises locales de la même tradition apostolique en vue de garantir son insertion dans la communion[249].

Il en ressort que la communion infrangible des évêques, dans la foi, le témoignage et le service, assure et signifie la communion des Églises locales[250]. Aussi, « l'évêque de chaque Église locale a-t-il parmi les composantes essentielles de sa charge, de par son ordination au service de cette Église locale, la responsabilité de veiller à l'ouverture de celle-ci sur toutes les Églises. Il reçoit la *sollicitudo omnium Ecclesiarum*. Il exerce en communion avec les autres évêques, dans une concertation qui fait l'harmonie de l'un et de la multitude »[251].

---

[246] J.-M.R. TILLARD, *Église d'Églises*, p. 323.
[247] J.-M.R. TILLARD, *Église d'Églises*, p. 324.
[248] J.-M.R. TILLARD, *Église d'Églises*, p. 325.
[249] Cf. J.-M.R. TILLARD, *Église d'Églises*, p. 325.
[250] Cf. J.-M.R. TILLARD, *Église d'Églises*, p. 325.
[251] J.-M.R. TILLARD, *Église d'Églises*, p. 328.

C'est dans cette sollicitude des Églises que s'inscrit la fonction de l'évêque de Rome qui en est une modalité spéciale. Loin d'être une fonction au sens du pouvoir, l'évêque de Rome exerce un « service de communion dans la mission globale du collège épiscopale[252], la fonction du "serviteur des serviteurs de Dieu" selon l'idéal qui perce avec Grégoire le Grand et s'exprime encore dans le titre de chaque document conciliaire de Vatican II »[253].

Le « serviteur des serviteurs de Dieu » n'est donc pas un super-évêque qui serait au-dessus des autres évêques mais il est, comme tous les autres, membre du collège épiscopal. Sa place devient toute spéciale du fait qu'il occupe le siège de l'Église locale de Rome en lien avec les apôtres Pierre et Paul et cela l'investit d'une responsabilité spéciale pour la communion de toutes les Églises dans la foi, le témoignage et le service[254].

À la question du fondement théologique de la primauté de l'évêque de Rome au sein du collège épiscopal, Tillard répond que cette primauté est liée à celle de son Église locale au sein de toutes les Églises locales. Et par conséquent, c'est au sein du collège des évêques que se situe globalement la responsabilité pleine et suprême sur l'Église entière[255]. À ce stade notre auteur affirme sans ambages que l'évêque de Rome « assure une fonction particulière et nécessaire touchant précisément la cohésion des évêques et leur unité dans la foi que Pierre et Paul ont scellée par leur martyre »[256].

Tillard trouve dans cette affirmation la continuité de la *Constitution Pastor aeternus* de Vatican I dans *Lumen Gentium* de Vatican II qui stipule:

« l'éternel pasteur et *épiscope* de nos âmes (1 P 2, 26), pour perpétuer l'œuvre salutaire de la Rédemption, a voulu édifier la sainte Église dans laquelle, comme en la maison du Dieu vivant, *tous les fidèles seraient rassemblés par le lien d'une seule foi et d'une seule charité*. C'est pourquoi avant d'être glorifié il pria son Père non seulement pour les apôtres mais aussi pour ceux qui à cause de leur parole croiraient en lui, *afin que tous soient un* comme le Fils et le Père sont un (Jn 17, 20s.). De même qu'il envoya les Apôtres qu'il s'était choisis dans le monde, comme lui-même avait été envoyé par le Père (Jn 20, 21), de même *il voulut qu'il y eût en son Église des pasteurs et des docteurs jusqu'à la fin des temps* (Mt 28,20). *Pour que*, en fait (*ut vero*), *cet épiscopat* (*episcopatus iste*) *soit un et indivise et que grâce à l'union étroite et mutuelle des prêtres, la multitude entière de croyants fût gardée dans l'unité de foi et de communion*, en mettant le

---

[252] Le thème de la collégialité épiscopale chez Tillard est corollaire à celui de la solidarité collégiale dans le ministère. Il y a consacré d'importantes pages dans la triade *L'évêque de Rome* (p. 134-156) ; *Église d'Églises* (p. 251-268) et *L'Église locale. Ecclésiologie de communion et catholicité* (p. 294-397), respectivement sous les titres de : un fondement visible de l'unité de foi ; ministère et solidarité collégiale ; de la communion des Églises au collège des évêques.

[253] Cf. J.-M.R. TILLARD, *Église d'Églises*, p. 328.

[254] Cf. J.-M.R. TILLARD, *Église d'Églises*, p. 328.

[255] Cf. *L.G.*, 22 ; *Nota praevia*, 3 ; *C. D*, 4, cité par J.-M.R. TILLARD, *Église d'Églises*, p. 328.

[256] J.-M.R. TILLARD, *Église d'Églises*, p. 328.

bienheureux Pierre à la tête des autres Apôtres il a ainsi établi sa personne principe durable et fondement visible *de cette double unité* »[257].

Cette unité de foi garantit la reconnaissance de la diversité que nous ne cesserons jamais de défendre. À titre illustratif, Tillard note : « il faut que sous toutes ses caractéristiques propres, fruit de son inculturation, l'Église de Tokyo soit telle que l'Église de Milan puisse y "reconnaître" non pas seulement les éléments de sa foi mais toute sa foi, et *vice versa*. Il faut qu'elle puisse y "reconnaître" tout ce qu'elle-même porte de la foi des générations qui l'ont précédée »[258].

En tout état de cause, la tâche de l'évêque de Rome est moins celle de surveiller que celle de veiller. Il doit veiller à ce que la foi des Églises locales ne soit pas seulement en prise directe sur les questions actuelles mais qu'elle demeure en totale communion et harmonie avec ce qui a été transmis par les Apôtres. Ainsi il lui revient d'être la perpétuelle mémoire de ses frères évêques et, avec eux, de leurs Églises. Il doit aussi veiller à la sollicitude des Églises locales pour leur éviter de s'enfermer dans l'urgence des problèmes locaux. Il doit enfin veiller à la solidarité ecclésiale qui appartient à l'âme de l'Église[259].

C'est en vertu de sa charge de veilleur[260], comme d'ailleurs celle de chaque évêque dans l'Église locale, que l'évêque de Rome peut s'appeler *episcopus ecclesiae catholicae*. C'est donc au sens ancien d'évêque de l'Église locale de Rome restée fidèle à la foi apostolique qu'il faut comprendre ce titre. Et fort de cela, le Pape Paul VI pouvait justement joindre à sa signature des actes du concile Vatican II le titre d'évêque de l'Église catholique[261]. Aussi, si la mission de l'évêque de Rome est comprise à l'intérieur du groupe de tous les pasteurs, on ne peut donc pas concevoir cette fonction de l'évêque de Rome comme celle de l' "évêque universel". On est évêque d'une Église locale[262].

---

[257] *Denzinger*, 3050, *L.G.*, 18 ; 23 cité par J.-M.R. TILLARD, *Église d'Églises*, p. 329.
[258] J.-M.R. TILLARD, *Église d'Églises*, p. 329.
[259] Cf. J.-M.R. TILLARD, *Église d'Églises*, p. 329-230.
[260] Dans sa *lettre encyclique "Ut unum sint"*, 94 § 1, le Pape Jean-Paul II rejoint cette considération de Tillard en enseignant que « la mission de l'évêque de Rome au sein du groupe de tous les pasteurs consiste précisément à " veiller" (*episkopein*), comme une sentinelle, de sorte que, grâce aux pasteurs, on entende dans toutes les Églises particulières la voix véritable du Christ-Pasteur. Ainsi, se réalise, dans chacune des Églises particulières qui leur sont confiées, l'Église une, sainte, catholique et apostolique. Toutes les Églises sont en pleine et visible communion, parce que les Pasteurs sont en communion avec Pierre et sont ainsi dans l'unité du Christ ».
[261] Cf. H. MAROT, *La collégialité et le vocabulaire épiscopal du Vè au VIIè siècle. La collégialité épiscopale, histoire et théologie* (Unam sanctam, 52), Paris, 1965, p. 59-98, cité par J.-M.R. TILLARD, *Église d'Églises*, p. 330
[262] Cf. J.-M.R. TILLARD, *Église d'Églises*, p. 330. On peut aussi trouver un long développement sur ce sujet dans *L'évêque de Rome*, p. 120-134.

Conclusion partielle

Nous pouvons récapituler ce deuxième chapitre en disant que la communion des Églises locales est l'être même de l'Église de Dieu. Celle-ci, du fait qu'elle se réalise en un lieu, géographiquement, culturellement et historiquement situé, elle requiert une diversité qui n'altère en rien son unité.

La diversité est donc pour l'Église entière une réelle richesse pourvu qu'elle ne soit pas, dans l'application des particularités, obstacle à la communion. Il faut donc arriver à un dépassement de la tension entre communion et différence.

Au final, la visibilité de cette communion ecclésiale, à travers la synaxe eucharistique et le ministère de l'évêque de Rome compris comme serviteur des serviteurs de Dieu, est une réponse à la difficile articulation entre communion et différence. Tel est, à notre avis, le fondement de la catholicité de l'Église locale qui fera l'objet de notre troisième chapitre.

Chap. III. LA CATHOLICITÉ DES ÉGLISES LOCALES

Introduction

D'emblée, lorsqu'on parle de l'Église locale, du moins dans le contexte de l'Église d'Afrique, qui est le nôtre, on ne pense pas tout de suite à sa dimension catholique d'autant qu'elle nous paraît une subdivision de l'Église universelle dont l'administration serait difficile à tenir au regard de son immensité et de sa présence au monde. Si l'on voit ainsi l'Église locale, l'on reste dans la conception d'une Église catholique qui apparaîtrait comme un unique et vaste diocèse, celui du pape, dans lequel les évêques, dont aucun n'est nommé sans son agrément, font figure d'agents d'exécution du pouvoir central, comme si leur juridiction dérivait de celle du pape[263]. Dans ce vaste diocèse, dirions-nous, le pape jouirait d'une autorité épiscopale, ordinaire et immédiate sur chaque Église locale et sur chaque fidèle.

Une telle conception de la catholicité de l'Église ne contredit-elle pas l'essence de la catholicité de l'Église locale ? Ne conduit-elle pas à la mésinterprétation de l'expression « évêque de l'Église catholique » que le pape Paul VI utilisait en signant les documents du deuxième concile du Vatican ? Nous découvrirons dans les lignes qui suivent l'interprétation qui clarifie le sens de cette expression en précisant, à la suite de Tillard, que le pape est avant tout évêque de l'Église locale catholique de Rome.

Dans ce chapitre, avec Tillard, dont nous présentons la pensée ecclésiologique, nous partons du postulat que le don de la grâce de Dieu dans sa totalité à chaque Église locale et la communion des Églises de Dieu empêchent la confusion entre Église catholique institutionnelle et l'Église de Dieu, catholique en un lieu. Ceci tient au fait que la catholicité de l'Église est pleinement présente dans l'Église locale voulue par Dieu comme lieu d'où partira l'annonce du salut à toutes les nations. Telle fut la vocation de l'Église locale née à Jérusalem au premier siècle de notre ère.

Nous inspirant de la manière dont Tillard présente sa réflexion sur la catholicité de l'Église locale, nous organisons ce chapitre en trois moments : dans un premier moment, nous montrerons comment l'Église qui naît dans un lieu ne manque en rien de la catholicité de l'Église entière. En deuxième lieu, nous verrons que la catholicité de l'Église locale découle de son insertion dans la totalité du dessein de Dieu et enfin, la compréhension de la plénitude du don de Dieu à une Église locale nous permettra d'envisager la communion catholique des Églises locales.

---

[263] Cette situation a été bien décrite par Hervé LEGRAND, *La réalisation de l'Église en un lieu,* dans *Initiation à la pratique de la théologie*, t. 3, p. 149.

Pour y arriver, nous nous en tiendrons essentiellement à l'étude de l'ouvrage *L'Église locale.* *Ecclésiologie de communion et catholicité* en ses trois grandes parties. En effet, Tillard part de la naissance de l'Église locale de Jérusalem pour construire sa réflexion sur la catholicité des Églises locales. Pour lui, ces dernières sont insérées dans la totalité du dessein de Dieu en tant que chacune des Églises en son lieu est accomplissement du *Qahal* juif. Il n'y a ni moins ni plus du don de Dieu en chaque Église locale qui naît du témoignage apostolique.

Nous nous inscrivons donc dans ce qui constitue l'originalité du troisième volume de l'ecclésiologie de communion chez Tillard, qu'il qualifie de « toute une ecclésiologie bâtie sur la réalité de l'Église locale que nous présentons, dans la fidélité aux grandes intuitions qui ont porté le IIe concile du Vatican et qui ne cessent d'interpeler le mouvement œcuménique »[264].

Notre hypothèse de lecture est la suivante : selon Tillard, si l'Église locale situe sa catholicité en dehors d'elle-même, elle vivra une fausse singularité et cessera de poursuivre localement sa vocation à la pleine catholicité. De même l'Église entière risque d'être encouragée dans une fausse universalité[265].

A. Église de Dieu en un lieu et catholicité

Dans cette partie, la réflexion de Tillard s'inscrit dans la dynamique de la communion ecclésiale en tant que participation à la vie de grâce qui est un don de Dieu dans la mesure où son désir est d'entrer en alliance avec notre humanité pour la conduire à son achèvement. Ainsi, ce qui est premier c'est l'initiative de Dieu qui vient à la rencontre de l'homme et ne cesse de rassembler son peuple[266].

En parlant de la catholicité de l'Église locale, Tillard n'entend pas, par-là, justifier une ecclésiologie de l'Église locale qui ferait alliance avec quelque forme de tribalisme ethnique, du clanisme raciste, du nationalisme autonomiste. Ce n'est pas non plus une visée d'appauvrir ou anémier l'Église de Dieu[267]. Il veut préciser ce qu'est en réalité l'Église locale à l'intérieur de la communauté catholique, à travers ce qu'elle est appelée à vivre et à être au service du salut de tout l'humain.

Il s'agira donc, dans les lignes qui suivent, de montrer, que dans l'Église locale, l'Évangile s'accomplit en son intégralité. Ainsi, l'affirmation de la catholicité de l'Église locale n'est ni la radicalisation de la différence ni la mise en péril de la réconciliation catholique. Sans prétendre

---

[264] J.-M.R. TILLARD, *L'Église locale*, p. 11-12.
[265] Cf. J.-M.R TILLARD, *L'Église locale*, p. 16-17.
[266] L'article d'Alphonse BORRAS, *Délibérer en Église. Communion ecclésiale et fidélité à l'Évangile*, dans *N.R.T.*, 132 (2010), p. 177-196, est très éclairant dans son développement de l'ecclésiologie de communion qui rejoint la réflexion de Tillard.
[267] Cf. J.-M.R. TILLARD, *L'Église locale*, p. 8-9.

arriver à l'exhaustivité, nous voulons montrer comment Tillard élabore une ecclésiologie qui dépasse ce que l'on appellerait une vision réductionniste de l'Église locale, considérée uniquement en fonction de ses rites et de ses symboles religieux. Ce qui est premier c'est l'Évangile qui doit passer dans le tréfonds de la conscience ethnique et dans les assises de l'humain concret[268].

1. Catholicité de l'Église née à Jérusalem

Dans ses préliminaires sur la catholicité de l'Église qui naît dans un lieu, comme par exemple à Jérusalem, Tillard reprend de manière déployée l'origine de l'Église de Dieu dans l'événement pentecostal en lien avec le *Qahal* qui se savait être la communauté de Yahvé[269]. Nous y avons consacré quelques paragraphes sur la catholicité de l'Église en général dans notre premier chapitre. Nous en rappelons ici l'idée essentielle pour situer la catholicité de l'Église de Jérusalem dans son contexte.

En effet, l'unanimité des pères de l'Église ne fait pas de doute sur l'affirmation que le récit de Pentecôte est en lien avec la naissance de l'Église bien que celle-ci traverse l'ensemble des traditions bibliques. Au fait, il est clair que les Églises sont nées porteuses de traits différents au regard des aspects différents du salut. Elles ont tout de même confessé le Christ en s'appuyant sur des courants différents de l'espérance d'Israël, fixant des observances différentes et s'organisant de façon différente[270].

Dans une analyse des textes des Actes des apôtres, Tillard montre comment la naissance de l'Église à Jérusalem était un accomplissement du dessein éternel de Dieu de rassembler son peuple. Pour lui, la Pentecôte de Jérusalem accomplit au sens fort de ce terme ce que Dieu visait depuis le *Qahal* du Désert, explicitement évoqué par Etienne dans son discours[271] (Ac 7,38 ; voir Ex 19,7-15 ; Dt 4,10 ; 9,10 ; 10,4 ; 18,16). La communauté de Jérusalem, qu'on nommera l'*Ekklesia* (Ac 5,11 ; 8,1 ; 11,22), accomplit ainsi l'intégralité, le *katholou* du dessein de Dieu, au terme d'un long cheminement de celui-ci avec le peuple de l'Alliance, dans les méandres d'une histoire complexe (Ex 33,12-17 ; Ez 1,1-23). On la perçoit comme l'Assemblée (*Ekklesia*) des saints, c'est-à-dire de ceux et celles que Dieu lui-même convoque pour qu'ils lui soient consacrés (Ex 19,6). Elle a conscience qu'en elle, passent les attributs du peuple élu, rendu saint par le choix que scellait la théophanie du Sinaï. C'est pourquoi à cette communauté de Jérusalem on attribue, par référence au peuple de l'Assemblée du

---

[268] Cf. J.-M.R. TILLARD, *L'Église locale*, p. 8-11.
[269] Cf. J.-M.R. TILLARD, *L'Église locale*, p. 29-34.
[270] Cf. J.-M.R. TILLARD, *L'Église locale*, p. 29-30.
[271] À ce propos J.-M.R. TILLARD note que les historiens de l'Antiquité n'hésitaient pas à placer dans la bouche de leurs héros des discours qu'eux-mêmes composaient.

Désert (*Qahal*, *Ekklesia* dans la LXX), avec le nom d'*Ekklesia*, la qualification de sainte. C'est elle d'abord que l'on désignera ainsi (Ac 9,32.41 ; 26,10 ; Rm 15,25.26.31 ; 2Co 8,4 ; 9,1.12)[272].

Il s'ensuit que « la communauté pentecostale de Jérusalem comprend, dans l'Esprit, qu'elle se situe précisément à ce moment de *plénitude*. Elle se découvre comme accomplissement du *Qahal* de Dieu, *"Ekklesia tou Theou"*, "Église de Dieu ". Tout pousse à penser que c'est l'écho de cette conviction, que l'on trouve sous la plume de Paul rappelant qu'il a persécuté "l'Église de Dieu" (1 Co 15,9 ; Ga 1,13). Soulignons combien le génitif "de Dieu " est ici essentiel. Il inclut Dieu lui-même dans l'identité ecclésiale »[273].

Du fait qu'elle ait surgi de l'assemblée de Pentecôte, événement du mémorial de l'Assemblée du Désert, et qu'elle en soit ainsi son accomplissement, l'Église de Jérusalem est d'emblée devenue catholique au sens où elle porte la plénitude et l'intégralité du don de Dieu. « Elle est ainsi la communauté où l'*oikonomia* divine atteint son moment (*kairos*) de plénitude. Il ne s'agit donc pas de l'universalité géographique dont les nations représentées par les prosélytes réunis pour la fête (Ac 2,5.8-11) seraient déjà le noyau prophétique »[274].

Nous comprenons, pour notre part, que l'Église locale n'a pas à revendiquer sa catholicité, elle naît catholique en un lieu. Si l'on s'en tient à l'appel que Dieu adresse à chaque peuple comme il le fit pour Israël et avec les Douze rattachés symboliquement aux douze tribus (cf. Lc 22,32), on voit l'intérêt à accorder au lieu où se réalise, sous la mouvance de l'Esprit Saint, le rassemblement du peuple de Dieu.

En ce qui concerne l'Église née à Jérusalem, notre auteur affirme :

> « ce *lieu* n'a rien d'accidentel. L'*Ekklesia* apparaît dans le lieu où Dieu a voulu que le Christ meure et ressuscite parce qu'en ce *lieu* bat le cœur d'Israël. La croix a été plantée dans ce cœur. Jérusalem est en effet le lieu où Dieu a placé sa demeure (1 Ch 22,5-19 ; Ps 78,68-69 ; 132,13-18), le symbole de l'unité du peuple de l'Alliance (2 R 23,4-27), la ville appelée à devenir la mère de tous les peuples (Ps 87), le théâtre du jugement final (Jl 4,9-17) et du festin eschatologique de tous les peuples (Is 25,6). Ajoutons que là, sur la colline de Moriah, Abraham aurait offert Isaac (2 Ch 3,1 ; Gn 22,2). L'*Ekkelsia* surgit catholique, mais d'une catholicité dont la nature est marquée par le *lieu* où l'Esprit de Dieu fait aboutir son enfantement par Israël. Elle ne se comprend en profondeur que par lui. Bref, elle naît *Église catholique locale*[275], catholique en son *lieu* qui est le lieu pivot du dessein divin pour la totalité humaine »[276].

---

[272] Cf. J.-M.R. TILLARD, *L'Église locale*, p. 32-33.
[273] J.-M.R. TILLARD, *L'Église locale*, p. 33-34.
[274] J.-M.R. TILLARD, *L'Église locale*, p. 34.
[275] À propos du qualificatif local attribué à l'Église de Jérusalem, J.-M.R. TILLARD constate que qualifier l'Église de Jérusalem d'« Église particulière » est impossible. L'adjectif n'a ici aucun sens, dit-il. Elle est Église locale et ne peut être désignée que par cet adjectif.
[276] J.-M.R. TILLARD, *L'Église locale*, p. 35.

Plus qu'une continuité du *Qahal* juif, l'Église qui naît dans un lieu en est un accomplissement de telle sorte que la distance qu'elle prendrait dans l'aujourd'hui par rapport au *Qahal* n'a rien de sectaire au sens de séparation. Cette distance sera comprise au sens de la voie dont parle les Actes des apôtres (cf. Ac 9,2 ; 16,17 ; 18,25-26 ; 19,9.23 ; 22,4 ; 24,14.22). Une manière ouverte par la Résurrection du Christ de marcher dans le salut[277].

Il n'est pas anodin de remarquer que l'Église qui naît à Jérusalem est déjà catholique alors qu'elle ne s'est pas encore répandue ailleurs. Ainsi l'Église locale est catholique plus par la possession de l'intégralité des biens de la promesse (cf. Ac 2,39) que par leur extension[278].

En effet, « à Jérusalem, autour des Apôtres, existe, pleinement, l'Église de Dieu. Ce qui adviendra par la suite ne relativisera en rien cette plénitude (catholique) de la communauté pentecostale établie par Dieu dans la "Cité de David" »[279].

Bien que l'Église locale de Jérusalem ait conscience que la grâce qui la constitue doit rayonner et aller au-delà de ses limites géographiques et culturelles, elle n'ignore pas qu'elle a en elle tout ce qui fait l'Église de Dieu, celle qui était enfantée depuis la convocation du *Qahal* au Sinaï[280]. Pour cela, elle reconnaîtra les autres Églises qui naîtront de la mission, comme ses sœurs.

2. Catholicité des Églises nées de la mission au premier siècle du christianisme

Dès le premier siècle de l'Église, l'Évangile de Dieu se répandit hors de la ville de Jérusalem. Il sera proclamé et accueilli en Judée, dans la Galilée et en Samarie (cf. Ac 9,3). La mission continuera à donner naissance à d'autres Églises locales comme Antioche (Ac 11,19-26 ; 13,1-3 ; 14,26-28 ; 15,35-36 ; 18,22), à Antioche de Pisidie (Ac 13,13-48), à Lustre et Iconium (Ac 14,21-23), en Pamphilie (Ac 14,24), dans la Phrygie et la région galate (Ac 16,6 ; 18,23 ; Ga 1,2 ; 2Tm 4,10 ; 1P 1,1), à Thessalonique (Ac 17,1-4), à Bérée et Césarée (Ac 17,10-12 ; 18,22), à Athènes (Ac 17,34), à Éphèse (Ac 18,24-28 ; 19,1-10 ; 20,17), à Corinthe (Ac 18,8-11), à Troas et Milet (Ac 20,7-16), à Rome (Ac 28,14-15). Cette liste qui nous semble impressionnante prouve à suffisance combien, grâce à l'expansion de l'Évangile, d'autres communautés furent greffées sur le témoignage de l'Église de Jérusalem[281]. C'est ainsi que Paul qui venait de rendre témoignage à Jérusalem reçut la mission d'aller aussi à Rome pour la même cause[282].

---

[277] Cf. J.-M.R. TILLARD, *L'Église locale*, p. 35.
[278] Cf. J.-M.R. TILLARD, *L'Église locale*, p. 36.
[279] J.-M.R. TILLARD, *L'Église locale*, p. 36.
[280] Cf. J.-M.R. TILLARD, *L'Église locale*, p. 37.
[281] Cf. J.-M.R. TILLARD, *L'Église locale*, p. 37.
[282] Cf. J.-M.R. TILLARD, *L'Église locale*, p. 38.

Toutes les Églises fondées tout au long de la mission des apôtres sont dites Églises de Dieu. Cela apparaît dans les expressions de l'apôtre Paul qui, pour désigner une Église ou les membres de cette Église, emploie le titre originairement attribué aux membres de la communauté pentecostale, c'est-à-dire, « les saints » (cf. Ac 20,28 ; 1 Co 1,2 ; 10,32 ; 11,22 ; 15,9 ; 2 Co 1,1 ; Ga 1,13 ; 1 Th 2,14 ; 3,5 ; 2 Th 1,4 ; Rm 1,7 ; 8,27 ; 12,13 ; 16,2 ; Phm 5,7 ; Ep 1,1.15 ; 3,8.18 ; Col 1,2.4.26). Ainsi toutes ces Églises nées de la mission apostolique communient à la plénitude du don de Dieu fait à l'Église de Jérusalem sans en être un appendice[283].

Il en découle que « de Jérusalem le titre [*Ekklesia tou Theou*] se serait étendu sur les autres communautés judéo-chrétiennes de Palestine, formant ainsi « les Églises de Dieu qui sont en Judée » (1 Th 2,14 ; cf. 2 Th 1,4 ; 1 Co 11,16). Mais les chrétiens du monde gréco-romain participent pleinement aux prérogatives de la communauté primitive »[284].

C'est dans cette perspective que l'apôtre Paul n'hésite pas à s'adresser solennellement aux Corinthiens en termes de « l'Église de Dieu qui se trouve à Corinthe » (1 Co 1,2 ; 2 Co 1,1) et à leur rappeler qu'ils sont constitués en "Église de Dieu" (1 Co 10,32 ; 11,22).
Ainsi donc, chacune des Églises locales, au nom de sa catholicité au même titre que les autres, devra demeurer en communion avec toutes les autres Églises locales car la fidélité à sa vocation en dépend.

3. Catholicité et communion des Églises locales

Nous voulons montrer à travers ce thème de catholicité et communion des Églises locales que la reconnaissance de la catholicité d'une Église locale n'est ni un retranchement ni une addition, au sens d'une partie d'un tout, aux Églises locales existantes avant elle.

En effet,
> « les *Églises de Dieu* ou *Églises des saints* ne s'ajoutent pas à l'Église de Jérusalem bien que, disions-nous, elles n'en soient pas une extension, un appendice, une partie. Elles entrent dans sa grâce, son "une-fois-pour-toutes" (*ephapax*), son *kairos*. Elles y *communient*. Là, d'ailleurs, se fonde leur nécessaire *apostolicité*. L'Esprit le fait *communier* (au sens plein du terme) à la plénitude de la grâce que Dieu a fait émerger de son peuple (*Qahal*) saint, à Jérusalem, au jour de Pentecôte, dans la communauté apostolique. Il leur donne ainsi l'intégralité (le *katholou*) de ce qu'impliquait cette émergence, en particulier la Parole apostolique, le ministère apostolique, le baptême apostolique, la "fraction du pain" apostolique, la mission apostolique. Ce qui leur est ainsi octroyé ne fait nombre avec le don de "plénitude" de vie ecclésiale dont jouit l'*Ekklesia* de la ville de Jérusalem »[285].

---

[283] Cf. J.-M.R. TILLARD, *L'Église locale*, p. 39.
[284] J.-M.R. TILLARD, *L'Église locale*, p. 40.
[285] J.-M.R. TILLARD, *L'Église locale*, p. 40.

Il appert, et cela confirme notre hypothèse, que la catholicité des Église locales est liée à leur pleine communion à la réalité de grâce donnée par Dieu à son Église. Il est ici hors de question d'une communion qui serait addition ou concrétisation d'un genre en de multiples individus.

Comme nous avons eu à l'élucider précédemment, communion signifie ici,

« l'entrée en participation intégrale à un don *plénier* et *définitif* (déjà eschatologique) de Dieu, fait d'abord à la communauté locale que sa place dans l'*oikonomia* de salut destinait à une telle prérogative, qui toutefois était pour le bien de l'humanité *entière*. Seul échappe à cette participation le privilège radicalement incommunicable d'être né dans le *lieu* où la destinée d'Israël *devait* aboutir, avec comme noyau le groupe apostolique composé de témoins du ministère de Jésus « à commencer par le baptême de Jean jusqu'au jour où il a été enlevé » (Ac 1,22) et par-dessus tout de sa Résurrection. Car c'est dans la grâce de cette communauté apostolique, établie en ce lieu, et dans la foi de ces témoins, que toute l'humanité est appelée à entrer »[286].

Il va sans dire que :

« la catholicité se trouve, non seulement de par son origine mais aussi de par son essence, dans la grâce d'une Église locale, l'Église apostolique de Jérusalem. Elle ne sera pas plus dense dans le rassemblement de toutes les Églises de Dieu « dispersées par tout l'univers » que dans la synaxe eucharistique de Jérusalem. Car il s'agira d'une *communion* de toutes ces Églises à l'*"une-fois-pour-toutes"* de l'événement de Pentecôte, inséparable de l'*Ekklesia* que l'Esprit a fait venir au jour en un *lieu* prédestiné, Jérusalem, et dans la communauté apostolique encore enraciné en l'Israël du Sinaï »[287].

À ce stade nous pouvons affirmer, à la suite de Tillard, que l'Église possède, parmi les fibres qui la constituent comme telle une ouverture catholique qui ne lui est pas imposée de l'extérieur mais lui appartient y compris dans l'organisation d'une aide matérielle à l'intention des autres Églises sœurs. C'est cette aide qui était attestée dès l'origine dans la lettre d'encouragement (Ac 15,31) que les apôtres et les anciens de l'Église de Jérusalem avaient envoyée, avec des délégués, aux Églises d'Antioche, de Syrie et de Cilicie (Ac 15,23-31). Car la catholicité de l'Église de Dieu ne serait pas à Smyrne si l'Église qui est en ce lieu n'était pas en communion avec l'Église qui est à Antioche et par ricochet avec les autres Églises nées de la mission apostoliques. Partout où il y a Église de Dieu il y a ouverture sur un au-delà des limites propres, et cela en tout domaine[288].

Cela est d'autant plus vrai que « par nature, l'Église de Dieu est accueil de l'Évangile de Dieu, Évangile de la réconciliation dans l'amour du Christ *"pour tous"*. L'Église locale s'ancre ainsi dans la *"catholicité"* de l'*agapè* même de Dieu »[289].

---

[286] J.-M.R. TILLARD, *L'Église locale*, p. 41.
[287] J.-M.R. TILLARD, *L'Église locale*, p. 41.
[288] Cf. J.-M.R. TILLARD, *L'Église locale*, p. 74.
[289] J.-M.R. TILLARD, *L'Église locale*, p. 74.

Il en découle que lorsqu'une Église surgit en un lieu donné, elle se trouve reliée à la totalité de l'amour de Dieu. Et, nous ne le dirons jamais assez, c'est dans cette totalité de l'amour divin que l'Église locale est catholique. Faut-il alors dire que si rien ne lui manque de ce qu'ont les autres Églises, rien de ce qui les concerne ne peut lui être étranger y compris leurs problèmes internes. Ainsi, si l'Église locale ne portait pas en elle l'amour catholique de Dieu pour toutes les Églises, elle ne serait plus pleinement Église de Dieu[290].

Disons que :

> « dans chacune des Églises se trouve ce qui est en toutes, et en toutes ce qui est en chacune, elles sont ensemble l'unique Église de Dieu, celle dont Augustin dit que ses membres "ont reçu en promesse l'univers entier et s'en montrent les occupants"[291]. Elles le sont non pas parce qu'en s'ajoutant elles s'apporteraient l'une à l'autre quelque élément qui sans leur addition manquerait à chacune mais parce que chacune est identique à ce que Dieu a fait surgir à Jérusalem au jour de Pentecôte, dans la communauté apostolique »[292].

En effet, pour Tillard, « Il n'est aucune authentique Église locale qui, de par la présence en elle de quelque élément disparate, permettrait de penser qu'il existe autre chose qu'une unique *Église de Dieu*, bien qu'elle soit dans la multiplicité des *Églises de Dieu* »[293].

Il l'explique, et ajoute que l'Église est multiple et non multipliée, à partir d'une pertinente comparaison entre corps eucharistique et corps ecclésial : il dit qu'« il n'y a pas plus d'Église de Dieu qu'en l'Église de Jérusalem, tout comme dans cent pains eucharistiés il n'y a pas plus de corps du Seigneur que dans un seul pain eucharistié »[294].

Pour ce faire, quand une nouvelle Église locale se fonde, la catholicité de l'Église de Dieu s'actualise en un nouveau lieu où la foi, le baptême, l'eucharistie, la solidarité, la mission de toutes les Églises de Dieu se retrouvent, intégrales, mais sans se multiplier. L'Église de Dieu se dilate alors en toute race, tout pays, toute cité, tout bourg, toute maison, aux quatre vents[295].

---

[290] Cf. J.-M.R. TILLARD, *L'Église locale*, p. 74.
[291] AUGUSTIN, *De baptismo* I, 14,22 (BA 29,105), cité par J.-M.R. TILLARD, *L'Église locale*, p. 74.
[292] J.-M.R. TILLARD, *L'Église locale*, p. 74.
[293] J.-M.R. TILLARD, *L'Église locale*, p. 75.
[294] J.-M.R. TILLARD, *L'Église locale*, p. 75.
[295] Cf. *Didachè* 9,4 ; 10,5 (SC 248,177 ; 181) ; voir aussi JUSTIN, *Dial.* 177,1 ; IRENÉE DE LYON, *Ad. Haer.* I, 10 ; III, 10,2 ; TERTULLIEN, *Adv. Jud.*, 7 ; CYPRIEN, *Epist.*, 55,24 (Bayard II, 147) ; *De unitate ecclasiae catholicae*, 5, cité par J.-M.R. TILLARD, *L'Église locale*, p. 75.

C'est ce qui nous permet de dire que même lorsqu'à la suite et sous l'effet de quelque cataclysme, il ne restait un jour qu'une seule Église locale, rassemblée autour de son eucharistie, toute la foi, la vie sacramentelle, la mission de l'Église de Dieu demeureraient encore présente en notre monde[296].

B. L'Église locale dans la totalité du dessein de Dieu

Dès lors que la notion d'Église trouve son fondement dans le dessein de Dieu, celle de l'Église locale apparaît dans une nouvelle lumière en ce sens qu'elle est enserrée dans l'étreinte d'un mystère qui la transcende parce qu'elle a son origine dans un projet divin et éternel (cf. Ep 1,13 ; 2,15 ; 4,4.30)[297].

1. L'Église locale dans le dessein de Dieu

Pour commencer, disons que c'est dans le projet divin que l'Église locale s'origine. L'on ne peut lire les Actes des apôtres sans se rendre compte que c'est le fait d'annoncer l'Évangile par les Apôtres que leur témoignage s'est répandu au monde obéissant ainsi à la recommandation du Seigneur : « allez donc : de toutes les nations faites des disciples » (Mt 28,19).

En parlant de l'Église en général, nous avons montré qu'elle s'inscrit, tout entière, dans le dessein de Dieu. Il en est de même pour l'Église locale qui surgit de l'annonce de l'Évangile dans son lieu par les membres des autres Églises locales. C'est donc dans ce dessein de Dieu que s'inscrit le surgissement d'une Église locale en temps et lieu où l'Évangile est annoncé.

Au fait, notre auteur affirme que :

> « en l'Église locale de Corinthe s'actualise une réalité – celle de l'Évangile de Dieu – qui dans le projet du Père concerne toutes les Églises locales, toute la multitude des baptisés, voire toute l'humanité. L'Église de Dieu ne se confine pas dans la cité de Corinthe, pas plus que dans la cité sainte de Jérusalem. Dieu veut qu'elle soit aussi au-delà. C'est sa mission d'y aller, car cela appartient à son être même. En effet, le *mysterion* porte sur la plénitude, une plénitude qui, nous l'avons vu, ne connaît pas de limite et n'est jamais close, puisqu'elle implique *tout* ce qui constitue "l'humanité que Dieu veut". L'actualisation de l'Église dans l'espace humain, bien déterminé, de Corinthe n'épuise donc pas le projet de Dieu concernant "la richesse de sa grâce" (Ep 2,7) bien que l'Église y soit selon *toute* sa nature et avec la plénitude de *tous* ses moyens de salut »[298].

La différence des Églises locales n'altère rien de leur catholicité. Cette différence concourt plutôt à la réalisation du projet de Dieu afin que « toute la diversité et la diaprure de l'humain soient, dans

---

[296] Cf. J.-M.R. TILLARD, *L'Église locale*, p. 75-76. La même réflexion a été au centre de l'article d'Hervé LEGRAND, *La catholicité des Églises locales*, dans *Enracinement et universalité* (Cahiers de l'Institut Supérieur de Pastorale Catéchétique, 7), Paris, 1991, p. 159-183.

[297] Cf. J.-M.R. TILLARD, *L'Église locale*, p. 89.

[298] J.-M.R. TILLARD, *L'Église locale*, p. 89.

l'Esprit du Christ, "récapitulées" en une infrangible unité, celle que la lettre aux Éphésiens nomme l'Église. Elles sont les Églises et elles sont l'Église. Non pas des parties d'Églises dont la somme serait l'Église ; mais des Églises, chacune vraiment Église enserrée dans l'étreinte de l'Église. Des Églises différentes mais non pas autres »[299].

Chacune des Églises qui sont l'Église est, en son espace humain, l'Église catholique. Ainsi,

« aucune de ces Églises ne saurait donc regarder sa "différence" comme la valeur suprême en fonction de laquelle tout en elle doit être jugé. Car bien qu'elle soit en vérité l'Église que Dieu rassemble en cet espace humain, elle ne peut d'aucune façon réduire à elle-même l'Église de Dieu. Elle sait que Dieu rassemble aussi l'Église à Antioche, à Hanoï, à Fidji, à Rome. Sans l'ouverture radicale aux autres Églises, elle ne serait plus l'*Ekklesia tou Theou*, la communauté de Dieu en communion avec le dessein de réconciliation de *tout* l'humain selon *toute* la vérité de l'Évangile de Dieu (Ep 1,13 ; 3,6 ; 6,15.19) qui s'accomplit en elle »[300].

Le fait que la présence d'une Église en un lieu soit une réalisation du dessein de Dieu, la communion des Églises locales devient le critère de discernement de la catholicité d'une Église locale. En effet, une communauté ne peut être Église locale que dans la communion aux autres Églises, celles qui furent, qui sont et qui seront dans l'ensemble du monde habité, d'une extrémité de la terre à l'autre[301]. C'est ici que Tillard explique comment la nature de l'Église locale catholique est d'être en communion avec les autres :

« Car la communion authentique avec toutes ses "sœurs Églises" est la forme que prend nécessairement pour elle l'abolition de *tous* les murs qui disloquent en morceaux épars l'humanité, dans le temps et le lieu. Cela appartient à sa nature, de par sa relation au *mysterion*. Sa communion "catholique" avec les autres Églises n'est donc pas purement géographique. Elle existe en symphonie évangélique avec toutes les communautés qui, depuis Pentecôte et jusqu'à la délivrance finale (Ep 1,14), ont été, sont et seront, percée de l'œuvre réconciliatrice du Christ, donc de l'Église de Dieu, dans les lieux du monde. Elle appartient avec elles et inséparablement d'elles au grand *Kairos* de l'Événement, déjà eschatologique, de Jérusalem qui a saisi tous les temps et les lieux dans l'une fois pour toutes (*epaphax*) de la Croix, de la Résurrection et de Pentecôte»[302].

Toute Église locale reconnue comme telle, en toute sa différence des autres, est théologiquement reliée, selon le dessein de Dieu, au *Qahal* du désert. Ici, la reconnaissance mutuelle des Églises locales est établie dans leur apostolicité[303].

[299] J.-M.R. TILLARD, *L'Église locale*, p. 89.
[300] J.-M.R. TILLARD, *L'Église locale*, p. 90.
[301] Cf. CYRILLE DE JÉRUSALEM, *Catéchèse*, 18,23, cité par J.-M.R. TILLARD, *L'Église locale*, p. 90.
[302] J.-M.R. TILLARD, *L'Église locale*, p. 90.
[303] Cf. J.-M.R. TILLARD, *L'Église locale*, p. 92.

Au fait,

> « Quand on essaie ainsi de comprendre la réalité de l'Église locale à la lumière de la révélation du *katholou* dont la lettre aux Éphésiens donne la vraie mesure, la théologie de la mission s'éclaire singulièrement. Elle cesse d'être théologie de l'extension de l'Église pour devenir théologie de l'entrée de *toute* la richesse humaine et de *toute* la création dans le Christ. Si l'expression ne risquait d'être mal comprise, nous dirions qu'il s'agit de la percée du *plérôma* du Christ dans le temps et le lieu, du mouvement qui actualise au rythme de l'histoire et dans la bigarrure des espaces l'*ephapax* de la glorification pascale, du dynamisme de l'Esprit par lequel le Christ est effectivement "rempli par ce monde" »[304].

En termes de caractéristiques, nous pouvons identifier une Église locale catholique à quelques indices à savoir l'identité de foi et fondation sur le témoignage apostolique, l'économie sacramentelle et l'Eucharistie, la mission, la conception fondamentale de la vie dans le Christ et avec le service d'un même ministère apostolique[305].

Pour soutenir l'affirmation de la réalisation de l'Église de Dieu dans l'Église locale, Tillard se réfère à l'enseignement de Paul VI qui disait:

> « Gardons-nous bien de concevoir l'Église universelle comme la somme, ou, si l'on peut dire, la fédération plus ou moins hétéroclite d'Églises particulières essentiellement diverses. Dans la pensée du Seigneur, c'est l'Église, universelle par vocation et par mission, qui, jetant ses racines dans la variété des terrains culturels sociaux, humains, prend dans chaque portion du monde des visages, des expressions extérieures diverses »[306].

Par ailleurs, au nom de la communion ecclésiale, la catholicité de l'Église se manifeste par la coresponsabilité active et la coopération généreuse de tous en faveur du bien commun. L'Église réalise avant tout son universalité quand elle accueille, unifie et exalte de la manière qui lui est propre, avec une sollicitude maternelle, toute véritable valeur humaine. En même temps, elle met tout en œuvre, sous toutes les latitudes et les longitudes et dans toutes les situations historiques, pour gagner à Dieu chaque homme et tous les hommes, pour les unir entre eux et avec lui dans sa vérité et son amour[307].

En somme, les Églises locales sont différentes au sens où chacune d'elle se distingue des autres selon son milieu de surgissement mais cette diversité constitue une richesse pour la réalisation de l'unique projet de Dieu. Pour cette raison, toutes les Églises locales sont l'Église non pas en tant que parties d'Église dont la somme serait l'Église de Dieu mais des Églises dont chacune est aussi bien catholique que de Dieu. Il en découle que dans leur diversité, les hommes et les femmes incorporés au Christ et

---

[304] J.-M.R. TILLARD, *L'Église locale*, p. 93.
[305] Cf. J.-M.R. TILLARD, *L'Église locale*, p. 92.
[306] PAUL VI, *Evangelii nuntiandi*, 62, cité par J.-M.R. TILLARD, *L'Église locale*, p. 99.
[307] Cf. J.-M.R. TILLARD, *L'Église locale*, p. 100.

rassemblés par lui pour écouter sa Parole, célébrer l'eucharistie autour de leur évêque, représentent la catholicité inhérente à l'Église.

2. Catholique parce que locale

La question sur laquelle nous voulons nous pencher sous le thème de catholique parce que locale[308] est celle de comment déterminer l'effectivité de la catholicité d'une communauté qui surgit à la suite de l'annonce de l'Évangile. Cette question ne fut pas étrangère aux pères conciliaires de Vatican II qui considérèrent que lorsque l'assemblée des fidèles est déjà enracinée dans la vie sociale et modelée jusqu'à un certain point sur la culture locale, qu'elle jouit d'une certaine stabilité et fermeté, l'œuvre de la plantation de l'Église dans ce groupe humain atteint dans une certaine mesure son terme[309].

C'est à juste titre que le Droit canon définit la catholicité des Églises locales en termes des Églises à partir desquelles existe l'Église catholique une et unique. Et que ces Églises sont en premier lieu les diocèses en tant que portion du peuple de Dieu[310] confiée à un évêque pour qu'il en soit, avec la coopération du presbyterium, le pasteur, de sorte que dans l'adhésion à son pasteur et rassemblée par lui dans l'Esprit Saint au moyen de l'Évangile et de l'eucharistie, elle constitue une Église locale dans laquelle se trouve vraiment présente et agissante l'Église du Christ, une, sainte, catholique et apostolique[311].

C'est pourquoi, dans sa prière, l'Église locale dit avec ses propres paroles, la parole de toutes les Églises disséminées à travers le monde. Cela appartient à sa nature d'Église catholique de Dieu en ce lieu et donc dans sa langue, sa culture et tout son terreau. A l'intérieur de l'Église locale se vérifient des éléments apparemment contraires dont le faisceau actualise la catholicité de l'Église de Dieu.

Pour l'expliquer, Tillard recourt à l'intuition de Blaise Pascal qui disait :

> « La foi embrasse plusieurs vérités qui semblent se contredire (…) la source de toutes les hérésies est l'exclusion de quelques-unes de ces vérités (…) il arrive que ne pouvant concevoir le rapport de deux vérités opposées et croyant que l'aveu de l'une enferme l'exclusion de l'autre, ils s'attachent à l'une, ils excluent l'autre (…) tous errent d'autant plus dangereusement qu'ils suivent chacun une vérité ; leur faute n'est pas de suivre une fausseté mais de ne pas suivre une autre vérité (…) les deux raisons contraires. Il faut commencer par là : sans cela on n'entend rien, et tout est hérétique ; et même, à la fin de chaque vérité, il faut ajouter qu'on se souvient de la vérité opposée »[312].

---

[308] C'est autour des concepts « catholique parce que local » et « catholique parce que de Dieu » que J.-M.R. TILLARD construit son argumentation à la fin de la première partie de L'Église locale, p. 125-144.
[309] Cf. Décret Ad Gentes, 19§1.
[310] C'est dans les mêmes que le concile Vatican II définissait le diocèse. Cf. L.G., 23§1 ; C.D., 11§1.
[311] Cf. CIC 1983, can. 368-369.
[312] PASCAL Blaise, Pensées, éd. Brunschvicg 862, 863, 865, 567, cité par J.-M.R. TILLARD, L'Église locale, p. 125.

Cette affirmation rejoint la réalité ecclésiale dans son lieu d'incarnation étant entendu qu'elle s'inscrit dans l'économie du salut comme premier principe de son intelligibilité. C'est ici qu'il faut rappeler qu'au sein de l'Église locale se nouent le spirituel et le charnel. Bien que sa force s'origine dans l'action de l'Esprit en elle (cf. Lc 24,49) et que grâce à la présence et l'action de l'Esprit, l'Église appartient à un autre monde (cf. Jn 17,16), l'Église locale reste néanmoins dans le monde[313].

L'Église locale devient ainsi le lieu de la rencontre entre Dieu et l'homme concret.

« On l'a intellectualisée, arrachée à ses profondeurs terrestres. Souvent, faute de regarder l'Église de Dieu en son réalisme local, et pour chercher le schème abstrait et universel valable partout, il arrive qu'on fasse de l'Église locale un rassemblement spirituel où ne trouvent plus place les réalités qui, depuis la nuit des temps, habitent la "communauté humaine" en l'inscrivant dans l'œuvre du créateur. Réalités à purifier par l'Évangile, et non à éliminer »[314].

a. Lieu d'écoute de la Parole de Dieu

Notre analyse des origines de l'Église locale a abouti à ce résultat qu'elle naît de l'annonce et du témoignage apostolique que la Tradition appelle le Kérygme apostolique. Ce dernier n'est pas d'abord une reproduction des enseignements et des actes de Jésus par ses apôtres mais une transmission de ce qu'ils ont entendu, ce qu'ils ont vu, ce qu'ils ont contemplé, ce qu'ils ont touché (cf. 1 Jn 1,1). Ainsi ce qui est connu du Christ dans la communauté chrétienne c'est ce que la communauté apostolique lui a transmis de telle sorte que l'Église de Dieu fait émerger, dans l'Esprit, la Parole, celle-là même qui la fonde[315]. D'où l'importance de l'écoute de cette Parole.

En effet, la vie de l'Église locale s'enracine dans l'écoute de la Parole de Dieu dont elle doit témoigner. Dans un long commentaire, Tillard montre que du fait de sa catholicité, l'Église locale est le carrefour à la fois de la lecture et de l'écoute de la Parole de Dieu.

Il dit :

« l'Église locale est aussi le carrefour de la Parole révélée et de son authentique lecture dans l'existence humaine en fonction de laquelle Dieu "parle" à son peuple. Cette Parole veut donner un sens à l'existence. Elle ne peut atteindre ce but que si elle trouve des résonances, apparaît comme réponse à une attente. Elle vient certes de Dieu, avec le sens qu'à travers les réseaux complexes par lesquels elle rejoint les auditeurs Dieu veut lui donner. Mais bien que son origine soit ainsi dans le mystère transcendant du Dieu vivant, elle ne peut porter son fruit que si elle rencontre une autre parole, immanente "aux profondeurs de l'âme collective" avec "ses racines, son message et son sens", et qui y cherche son authentique finalité. Il faut la "correspondance" voire la communion entre ce qui grouille au cœur enténébré de la massivité sociale et ce qui a été

---

[313] Cf. J.-M.R. TILLARD, *L'Église locale*, p. 126.
[314] J.-M.R. TILLARD, *L'Église locale*, p. 127.
[315] Cf. J.-M.R. TILLARD, *Les sacrements de l'Église*, dans *Initiation à la pratique de la théologie*, p. 390.

remis, d'au-delà ou d'en haut. Autre chose que l'équilibre, mais le lien de vie entre immanence et transcendance, dans la co-incarnation d'une parole de l'exister »[316].

Cette Parole de Dieu qui n'est pas enfermée dans un langage écrit « passe aussi par le langage des cultures traditionnelles avec leurs symboles, leurs gestes, leurs chants, leurs musiques, leurs peintures, leurs sculptures, leurs silences, ce qui est informulé parce qu'informulable. La grande Tradition a pris conscience de la formule héritée de Prosper d'Aquitaine, "*lex orandi lex credendi*". Pour elle, la prière dit autre chose qu'une "définition de foi", encore plus qu'un traité »[317].

En affirmant que la Parole de Dieu ne s'enferme pas dans une écriture, Tillard ne nie pas la place essentielle du langage d'intelligibilité sans lequel, dit-il, l'esprit humain erre à l'aventure[318]. Nous voulons dire, avec Tillard, qu'il est capital de maintenir que le langage d'intelligibilité n'est pas le seul dans lequel la Parole dévoile et transmet son sens. Voilà pourquoi Tillard reconnaît à l'Église locale la tâche de traduire dans les langages de son milieu, ce qu'elle comprend de l'annonce et du témoignage apostolique. « Ces langages n'ont jamais, en effet, la teinte d'universel des formules d'intelligibilité. Ils sont par nature reliés aux coutumes locales, aux traditions des peuples, aux richesses poétiques, à la mémoire des histoires. Mais c'est là leur prix »[319].

À titre illustratif,

> « En pleine Eucharistie, la liturgie Zaïroise[320] exprime la relation des zaïrois au Dieu sauveur d'une façon qui leur est propre, inimitable par d'autres peuples (sous peine de sombrer dans le ridicule), et où est libérée une quête de sens enfouie dans les profondeurs de l'âme populaire. Il va de même, analogiquement, des chants liturgiques des Noirs américains que seules une certaine expérience, une âme commune, une destinée de souffrance commune peuvent inspirer – voit-on un Italien écrire un *negro spiritual* ou un *gospel*? – mais qui expriment d'une manière bouleversante l'un des registres de la Parole dite par Dieu à son Peuple souffrant »[321].

Bref, dans le réalisme des situations humaines l'on retrouve l'Église locale à la rencontre de la Parole de Dieu et de sa lecture. C'est ainsi que la tradition chrétienne reconnaît la différence des théologies des traditions qui la constituent[322].

Dans l'effort de chercher en sa vie l'exégèse en acte des paroles rapportées par les textes apostoliques et données à l'Église de Dieu, l'Église locale trouve son rôle dans la communion de toutes les Églises, non dans un isolement qui ne ferait plus d'elle en toute vérité l'Église que Dieu veut. En effet, la

---

[316] J.-M.R. TILLARD, *L'Église locale*, p. 127.
[317] Paul DE CLERCK, *Lex orandi lex credendi, sens originel et avatars historiques d'un adage équivoque*, (Questions liturgiques 4), 1978, p. 193-212, cité par J.-M.R. TILLARD, *L'Église locale*, p. 128.
[318] Cf. J.-M.R. TILLARD, *L'Église locale*, p. 128.
[319] J.-M.R. TILLARD, *L'Église locale*, p. 128.
[320] Au moment où Tillard écrivait ce texte, l'actuelle République Démocratique du Congo s'appelait Zaïre.
[321] J.-M.R. TILLARD, *L'Église locale*, p. 128.
[322] Cf. J.-M.R. TILLARD, *L'Église locale*, p. 129.

lecture collective de la Parole de Dieu ne saurait se faire à partir d'une expérience abstraite de la vie ecclésiale[323].

Notre auteur corrobore sa réflexion en disant :

> « dans tel contexte, aux prises avec des situations qui lui sont propres, l'Église locale soudée autour de sa *sedes* épiscopale discerne des facettes de la Parole de Dieu directement reliées à des options à prendre, des valeurs à affiner, tout en demeurant dans la *communion* de toutes les Églises. Elle permet ainsi à celles-ci de percevoir ce dont seules elles auraient difficilement pris conscience »[324].

Terminons en disant que l'on ne saurait mettre en doute cette réalité de l'Église locale comme agent d'une exégèse, au sens herméneutique du terme, de la Parole qui explique son sens catholique par son rapport avec le tissu concret du lieu humain[325]. Du fait qu'elle ne réalise pas en vase clos cette tâche herméneutique, l'Église locale s'ouvre aussi aux autres dans l'appropriation de la prière d'intercession, dite prière universelle.

b. Lieu de la prière universelle

C'est ici qu'apparaît une autre caractéristique de l'Église locale catholique qui est celle d'être au carrefour de l'eschatologie et du temps, de l'au-delà et de l'ici-bas[326].

À cet effet, Tillard considère que « pour prendre conscience de cette importante caractéristique de l'Église locale, rien ne vaut la participation à une prière d'intercession dans une Église locale aux prises avec des lourds problèmes. Ce que les Actes disent des temps apostoliques vaut encore aujourd'hui (voir Ac 4,23-31 ; 12,5.14-17) »[327].

Il en ressort que la prière d'un peuple fait ressortir des expériences vécues dans son lieu au point que celui qui n'appartient pas à la communauté peut avoir l'impression que quelque chose d'essentiel lui manque dans l'intercession à savoir le cri vers Dieu de sa propre situation de joie et de détresse[328].

Pour cette raison,

> « lorsque la communauté "catholique" en son entier prie pour une région du monde particulièrement affligée, elle ne peut donner à son intercession toute sa force qu'en disant à Dieu qu'elle fait sienne la prière de l'Église de cette région. Augustin dirait que, par la vérité de la *communion*, elle s'approprie le cri que dans les membres de cette région le Christ lance vers le Père. Telle est la catholicité de la *koinônia*. On n'ajoute pas sa prière à celle d'une Église locale.

---

[323] Cf. J.-M.R. TILLARD, *L'Église locale*, p. 131-132.
[324] J.-M.R. TILLARD, *L'Église locale*, p. 132.
[325] Cf. J.-M.R. TILLARD, *L'Église locale*, p. 133.
[326] Cf. J.-M.R. TILLARD, *L'Église locale*, p. 133.
[327] J.-M.R. TILLARD, *L'Église locale*, p. 133.
[328] Cf. J.-M.R. TILLARD, *L'Église locale*, p. 134.

Mais, puisqu'en celle-ci l'Église de Dieu est présente, on y adhère et on l'épouse, en en faisant sa propre prière »[329].

Ainsi donc, l'importance de l'Église locale est mieux perçue dans la grande prière d'intercession de l'Église pour les besoins du monde. À travers cette prière qui tient une place non négligeable dans toutes les liturgies, on voit qu'il n'est pas question de céder à quelque esprit tribal, il s'agit plutôt de vivre en vérité la conviction chrétienne qui veut que le Seigneur rassemble en lui, par la communion de son Esprit, le réalisme de la situation humaine, pour qu'elle se transforme en ce qu'il veut[330].

c. L'Église locale, nœud des chemins du salut

Nous nous situons ici au niveau où les membres d'une Église locale doivent cheminer ensemble vers la pleine communion de la même manière que les Églises locales cheminent ensemble dans la communion à la totalité de la même grâce.

Au fait, affirme Tillard,

« la communauté humaine que désigne l'expression "Église locale" est appelé à être un lieu de ces rencontres de l'existence sociale où la personne s'ouvre à l'autre, échappant ainsi à la gangue d'individualité qui l'étouffe. La leçon des Actes des Apôtres, dans les petits "sommaires", est lumineuse. Certes – et la collecte pour les pauvres de Jérusalem en sera l'indice – la communauté doit s'ouvrir aux besoins de tous, même de ceux et celles dont elle ignore le visage, ne parle pas la langue, ne comprend pas la culture. Pourtant c'est dans l'entrelacs des relations "en un même lieu" de ceux et celles qui sont "un cœur et une âme", s'entraidant pour satisfaire leurs besoins immédiats, priant ensemble, d'une certaine façon vivant ensemble, qu'est le noyau de l'Église. Il s'agit à vrai dire d'un accueil tout autant physique que spirituel »[331].

Au nom de sa catholicité, l'Église locale se doit de vivre la loi révélée de la fraternité universelle qui a son fondement dans la présence, en elle, de l'unique et indivisible Esprit du Christ rassembleur. Il en résulte que dans des circonstances graves, on est porté à privilégier ces frères et ces sœurs lointains, non ceux et celles de sa propre Église locale. Osons croire que cette préférence peut constituer le test de l'authentique appartenance à l'Église de Dieu qui est dans l'Église locale en sa vérité catholique. Cette sollicitude fraternelle vis-à-vis des lointains ne supprime pas la co-relation aux plus proches tels que l'apôtre Paul en témoigne lorsqu'il parle de la collecte pour les pauvres et la tendresse des uns vis-à-vis des autres ne fût-ce qu'à travers la prière (cf. 2 Co 9,14), ainsi les délégués de Paul ne sont pas considérés comme des fonctionnaires (cf. 2 Co 8,18). C'est pourquoi la relation à tous les

---

[329] J.-M.R. TILLARD, L'Église locale, p. 134.
[330] Cf. J.-M.R. TILLARD, L'Église locale, p. 134-135.
[331] J.-M.R. TILLARD, L'Église locale, p. 137-138.

membres de l'Église catholique, lointains ou proches, a son modèle dans la relation aux membres de l'Église locale. Au final, il faut traiter les frères lointains comme on traite les proches[332].

En somme, l'Église est Bonne Nouvelle lorsqu'elle accepte d'être rencontre d'un au-delà plongeant dans la transcendance de Dieu et d'un ici-bas ayant l'épaisseur humaine parfois très lourde des lieux de vie[333]. Voilà pourquoi, « en privilégiant trop unilatéralement l'"Église universelle", l'Occident a été tenté de "transcender le concret des lieux", oubliant que l'Église est par définition Église de Dieu "qui est à *Corinthe*, à *Thessalonique...*" et que la seconde relation lui est aussi essentielle que la première »[334].

3. Catholique parce que « de Dieu »

L'Église qui naît dans un lieu est catholique en tant qu'elle s'enserre dans le dessein salvifique de Dieu qui est Catholique. Disons dès l'abord qu'à la suite de Tillard, nous nous inscrivons en faux à une tendance ecclésiologique qui identifierait l'Église catholique à la seule Église locale de Rome de laquelle découleraient toutes les autres Églises.

En effet, l'Église catholique n'est à Corinthe ou Bukavu que comme Église de Dieu. C'est ainsi que « l'Église locale se trouve transpercée par cette catholicité sans laquelle elle ne serait plus de Dieu. Elle est l'Église catholique de Dieu en ce lieu »[335].

Il faut dire que l'Église locale se doit, au nom de sa catholicité, d'être inséparable aussi bien de la sollicitude de toutes les Églises catholiques que de ce qu'elles vivent dans le monde. « Ainsi d'ailleurs se préforme en elle la grande communion eschatologique du Royaume où tous les regards se fondront dans la contemplation du Père et toutes les voix deviendront un seul *Alleluia* et un seul *Amen* »[336].

La visibilité de cette catholicité de l'Église locale est indéniablement garantie par la synaxe eucharistique présidée par l'évêque diocésain. En effet, c'est la synaxe eucharistique qui soude en un lieu, sous l'*episkopè* d'un pasteur ordonné dans la communion apostolique, africains et européens, juifs et grecs, hommes et femmes en intergénérationnel, riches et pauvres, émigrés et nationaux, savants et ignorants, dont le pain et la coupe du Seigneur font un seul corps[337]. C'est dans ce sens précis que chacune des Églises locales fait siennes les lettres de Paul initialement adressées à telle

---

[332] Cf. J.-M.R. TILLARD, *L'Église locale*, p. 140.
[333] Cf. J.-M.R. TILLARD, *L'Église locale*, p. 141.
[334] J.-M.R. TILLARD, *L'Église locale*, p. 141.
[335] J.-M.R. TILLARD, *L'Église locale*, p. 141.
[336] AUGUSTIN, *Sermo*, 362, 29-30 (PL 39, 1632-1634), cité par J.-M.R. TILLARD, *L'Église locale*, p. 141.
[337] Cf. AUGUSTIN, *Sermo*, 250, 1 (SC 116, 311), cité par J.-M.R. TILLARD, *L'Église locale*, p. 141-142.

Église locale comme aux Romains ou aux Corinthiens. « Par catholicité eucharistique, chaque Église locale porte une plénitude qui la transcende de toute part et dont elle ne peut se couper sans se détruire »[338].

Une certaine puissance soutient mystiquement l'Église locale dans l'accomplissement de sa vocation au service du salut de tout l'humain. C'est dans cette perspective que l'apôtre Paul dans ses lettres aux Éphésiens et aux Colossiens (cf. Ep 1,22-23 ; 4,15-16 ; Col 1,18 ; 3,15) affirme que le Corps du Christ est Corps d'une Tête dotée par le Père d'une puissance qui concerne l'existence et le salut de tout l'humain, de tout l'univers crée. Cette puissance est à l'œuvre dans chaque Église locale et l'ouvre sur un au-delà d'elle-même[339]. Ainsi la catholicité reconnue à chaque Église locale est attestée par la présence de la même Parole de Dieu, la foi, l'Eucharistie, les sacrements, les ministères qui y ont été, qui y sont et qui y seront à l'œuvre par l'Esprit à travers l'histoire[340].

Notre auteur ne sous-estime cependant pas le rôle que doit jouer l'Église de Rome qui pourtant n'a rien de plus ou moins de la catholicité de l'Église de Dieu. Les travaux de la Commission Foi et Constitution depuis la 5ème conférence mondiale de Saint-Jacques-de-Compostelle en 1993 prouvent à suffisance, dit-il, combien l'Église de Rome a pour mission d'être à la jointure des Églises locales pour que toutes aient en elles, par leur communion, la vérité de la catholicité[341]. C'est en ce sens que se comprend le titre du Pape comme évêque de l'Église catholique en tant qu'il préside à la communion catholique des Églises locales.

C. Communion catholique des Églises locales

Tout au long de notre travail, nous nous sommes penché sur la question de l'articulation entre la différence et l'unité des Églises locales pour la communion ecclésiale. Il s'est agi essentiellement de montrer, à la suite de Tillard, que la diversité des Églises locales n'équivaut en rien à une partition de l'Église de Dieu, à son découpage selon l'appartenance aux nations, ethnies, races, ou classes[342].

En clair,

> « le fait que l'Église de Dieu "une et unique" prenne corps et vie *dans* et *à partir des* Églises locales n'implique nullement qu'elle coïnciderait en chacune avec les limites du "lieu", comme si elle s'y enfermait. Elle est l'Église de *ce lieu*. Pourtant elle n'est pas que l'Église de ce lieu. En effet, la

---

[338] J.-M.R. TILLARD, *L'Église locale*, p. 142.
[339] Cf. J.-M.R. TILLARD, *L'Église locale*, p. 142.
[340] Cf. J.-M.R. TILLARD, *L'Église locale*, p. 142.
[341] Cf. J.-M.R. TILLARD, *L'Église locale*, p. 142-143. À la note 2 de cette dernière page notre auteur rappelle que le rapport de la section II de ladite conférence mentionnait entre autres que la relation entre responsabilité personnelle, collégiale et synodale à l'égard de l'enseignement de l'Église et de son unité est aussi d'une importance fondamentale pour les structures de l'Église au niveau universel.
[342] Cf. J.-M.R. TILLARD, *L'Église locale*, p. 387.

communauté de ce lieu est Église parce qu'en elle se ''reconnaît'' l'intégralité, l'authenticité, le *Katholou*, de la *communion* que Dieu offre à *toute* l'humanité déchirée. Cette catholicité lui impose ses exigences, marque de sa vie »[343].

Se reconnaissant donc catholiques, les Églises locales, chacune en son lieu, vivent l'unité dans la diversité et s'enrichissent mutuellement[344]. Il faut alors montrer en quoi la catholicité des Églises locales est vérifiée dans leur communion.

1. Églises locales en communion

La question de la communion des Églises locales a été au centre de la réflexion de Tillard dans son "*Église d'Églises*". Nous y avons consacré quelques pages au deuxième chapitre. Dans ce paragraphe où nous continuons à nous inspirer de "*L'Église locale*" nous voulons, avec Tillard, montrer que la réconciliation des différences existentielles entre les Église locales vérifie aussi leur catholicité.

En effet, l'histoire d'opposition et de rivalité que rapportent un grand nombre de récits bibliques n'est pas étrangère à l'Église. En effet, La tradition yahviste qui décrit la floraison des spécificités culturelles dans les familles issues du premier couple – pasteurs et agriculteurs (Gn 4,2), paysans et citadins (4,22), nomades et musiciens (4,19-21), forgerons (4,22), vignerons (9,20), chasseurs (10,9) – montre aussi qu'une certaine unité, dont rêvent les bâtisseurs de Babel, finalisée par la volonté de puissance totalitaire (11,4-6) s'oppose au dessein de Dieu. La pluralité des langues (11,7) qui brouille les relations apparaît comme une garantie de la diversité de l'humanité[345].

Cependant, dans le même registre l'unité du peuple et sa réconciliation sont promises à travers la bénédiction d'Abraham (cf. Gn 12,3 ; 22,15-18 ; 26,2-5) et le prophète Jérémie étendra cette mission unificatrice au peuple entier (cf. Jr 4,2). N'est-ce pas là la volonté de Dieu que l'humanité soit une et qu'elle le soit dans le complexe déploiement de sa diversité[346]?

De là, Tillard conclut que « l'Église de Dieu n'est pas la *catholica* si l'unité y phagocyte la diversité, tout comme elle n'est pas la *catholica* si la diversité y étouffe l'unité »[347]. Irenée en témoigne dans

---

[343] J.-M.R. TILLARD, *L'Église locale*, p. 387.
[344] À ce propos, le Pape François rejoint la pensée de Tillard en enseignant que « L'Église est catholique parce qu'elle est la "Maison de l'harmonie" où unité et diversité savent se conjuguer pour être une richesse. Cela nous fait penser, dit-il, à l'image d'une symphonie qui signifie accord et harmonie, où différents instruments jouent ensemble ; chacun conserve son timbre unique et ses caractéristiques sonores et tous s'accordent sur quelque chose de commun. Il y a ensuite celui qui guide, le chef d'orchestre, et, dans la symphonie qui est exécutée, tous jouent ensemble, en « harmonie », mais le timbre de chaque instrument n'est pas effacé ; au contraire, la particularité de chacun est valorisée au mieux ! ». Cf. *Dans l'Église, tous différents, mais tous égaux. Catéchèse du 09 octobre 2013*, en ligne : www.zenit.org/fr/articles/l-eglise-est-catholique-parce-qu-elle-est-la-maison-de-l-harmonie?utm_campaign=francaishtml&utm_medium=email&utm_source=dis (consulté le 08 avril 2014).
[345] Cf. J.-M.R. TILLARD, *L'Église locale*, p. 388.
[346] Cf. J.-M.R. TILLARD, *L'Église locale*, p. 388.
[347] J.-M.R. TILLARD, *L'Église locale*, p. 388.

un commentaire sur la Pentecôte en disant : « "S'unissant à *toutes les langues* [les Apôtres] chantaient une hymne à Dieu. L'Esprit ramenait à l'unité *toutes les races* éloignées, et offrait au Père les prémices de *tous* les peuples" car l'Esprit "a pouvoir sur *tous* les peuples pour les introduire à la vie et leur ouvrir la Nouvelle Alliance" »[348].

Dans sa vision de la catholicité manifestée à la Pentecôte, Augustin reprend dans un long commentaire très éclairant, ce thème des langues :

> « en ce temps-là l'Église ne s'étendait pas encore sur la terre entière et dans toutes les nations il n'y avait pas encore de membres aptes à parler toutes les langues. Alors dans une seule nation se réalisait ce qui était destiné à s'accomplir en toutes les nations. Tandis qu'aujourd'hui le Corps du Christ en son entier parle toutes les langues. Il parlera plus tard celles qu'il ne parle pas encore. Car l'Église s'étendra jusqu'à ce que toutes les langues soient siennes […] Je parle toutes les langues, ai-je l'audace de dire : je suis dans le Corps du Christ, je suis dans l'Église du Christ. Puisque le Corps du Christ parle maintenant toutes les langues, je parle moi aussi toutes les langues. La langue grecque est mienne, la langue syrienne est mienne, la langue hébraïque est mienne, la langue de toutes les nations est mienne. En effet, je suis en communion avec toutes les nations »[349].

L'Église locale, dont les membres parlent plusieurs langues, dit avec ses propres paroles, la parole de toutes les Églises répandues dans toutes les nations. Cela se réalise surtout à la synaxe eucharistique où chaque Église locale parle dans sa propre langue les langues de toutes les Églises. Cela appartient à sa nature d'Église *catholique* de Dieu en ce lieu[350].

Le témoignage d'Augustin à ce sujet est d'actualité : moi, dit-il, je suis dans l'Église qui a pour membres toutes les Églises nées et établies grâce aux labeurs des Apôtres. Leur communion, selon l'aide que me donnera le Seigneur, je ne l'abandonnerai ni en Afrique ni ailleurs[351].

Voilà pourquoi, « le grand corps ecclésial, dans lequel tous les fidèles sont membres du Christ, est corps d'Églises. Dans leur communion les Églises locales en constituent elles aussi les *membra* »[352].

Dans la perspective du numéro 23[353] de la Constitution dogmatique *Lumen Gentium*, la pensée des pères de l'Église à propos de la catholicité de l'Église locale correspond parfaitement à

---

[348] Cf. Irénée de Lyon, *Ad. Haer*, I, 10,3 (SC 264), p. 160-167 ; III, 17,1-3 (SC 211), p. 328-336, cité par J.-M.R. Tillard, *L'Église locale*, p. 389-390.
[349] Augustin, *En. In Ps* 147, 18 (CCSL 40, 2156), cité par J.-M.R. Tillard, *L'Église locale*, p. 390.
[350] Cf. J.-M.R. Tillard, *L'Église locale*, p. 392.
[351] Cf. Augustin, *Contra Cresconium*, III, 25, 39 (BA 31, 346-349), cité par J.-M.R. Tillard, *L'Église locale*, p. 392.
[352] J.-M.R. Tillard, *L'Église locale*, p. 392.
[353] Le troisième paragraphe stipule : « La divine providence a voulu que les Églises diverses établies en divers lieux par les apôtres et leurs successeurs se rassemblent au cours des temps en plusieurs groupes organiquement réunis, qui, sans préjudice pour l'unité de la foi et pour l'unique constitution divine de l'Église universelle, jouissent de leur propre discipline, de leur propre usage liturgique, de leur patrimoine théologique et spirituel. Certaines parmi elles, notamment les anciennes Églises patriarcales, jouèrent le rôle de « matrices » de la foi en engendrant d'autres Églises, comme leurs

l'enseignement des pères conciliaires. À titre illustratif, citons entre autres Grégoire qui affirmait que les multiples Églises des fidèles forment l'*una catholica*[354] et Hilaire qui disait que si toute cité a son Église, l'unité ecclésiale n'en est en rien blessée puisque l'Église est une dans la pluralité des Églises[355].

Ainsi, « passer *dans le Christ*, en se soudant à son corps, c'est se laisser entraîner par le dynamisme de l'Esprit rassemblant dans la plénitude du don du Père "les nations" qui constituent l'humanité *entière*. La catholicité implique ainsi une solidarité et "responsabilité" réalistes face à la destinée des peuples »[356].

Dans la foulée, Tillard dit :

> « tout comme la notion de plérôme (Ep 1,10 ; 1,23 ; 4,10 ; Col 1,19 ; 2,9) dont elle est proche, la notion de catholicité prise en son sens traditionnel désigne, en effet, inséparablement et la plénitude du don divin répandu (dont l'Église locale est le fruit) et l'intégralité des temps et des lieux humains saisis en cette plénitude (dans une démarche de l'Esprit à laquelle l'Église locale se trouve associée). Elle dit donc à la fois ce qui est donné et ce qui reçoit le don, l'eau qui remplit et le bassin rempli. L'Église locale catholique est, en son "lieu", *plénitude* du don de Dieu mais d'un don qui n'existe pas pour elle seule, puisqu'il saisit en sa *plénitude* tous les âges et "toutes les nations qui sont sous le ciel" (Ac 2,5) »[357].

Ici l'on comprend deux affirmations majeures du concile Vatican II au sujet de l'Église : d'un côté l'Église subsiste dans l'Église catholique[358] et de l'autre elle existe dans les Églises particulières[359] et à partir d'elles[360].

Il en résulte qu'en l'Église locale *subsiste* l'Église de Dieu, selon le double registre de la plénitude présente en ce lieu et celui de l'ensemble des lieux qui sont dans leur réalisme humain le domaine illimité du don de Dieu[361].

Eu égard à ce qui précède, concluons avec notre auteur en disant,

> qu'« aucune Église locale ne saurait donc être Église de Dieu dans l'isolement. Elle l'est, par nature, avec d'autres, en *communion*. Sa vie selon les fonctions sacerdotale, prophétique et royale

---

filles, avec lesquelles, jusqu'aujourd'hui, un lien plus étroit de charité les relie dans la vie sacramentelle et dans le respect mutuel des droits et des devoirs. Cette variété des Églises locales montre avec plus d'éclat, par leur convergence dans l'unité, la catholicité de l'Église indivise. De même, les Conférences épiscopales peuvent, aujourd'hui, contribuer de façons multiples et fécondes à ce que le sentiment collégial se réalise concrètement ».
[354] Cf. GRÉGOIRE LE GRAND, *Moralia in Job IV*, 7,12 (PL 75, 645), cité par J.-M.R. TILLARD, *L'Église locale*, p. 392.
[355] Cf. HILAIRE DE POITIERS, *In Ps.* 14,3 (CSEL 22, 86), cité par J.-M.R. TILLARD, *L'Église locale*, p. 392-393.
[356] J.-M.R. TILLARD, *L'Église locale*, p. 393.
[357] J.-M.R. TILLARD, *L'Église locale*, p. 393.
[358] Cf. *L.G*, 8§1.
[359] Églises particulières est une expression qui équivaut à Églises locales, concept retenu par notre auteur tel que nous l'avons montré au deuxième chapitre.
[360] Cf. *L.G*, 23§1.
[361] Cf. J.-M.R. TILLARD, *L'Église locale*, p. 393-394.

n'est dynamisme authentique du Corps du Christ que si elle s'insère en la *communion* de toutes les Églises, ses sœurs, qui par tout l'univers et au long des temps célèbre la même et unique eucharistie, dans la chair et le sang indivisibles du même et unique Seigneur, proclament la même et unique foi "reçue des Apôtres", sous l'*episkopè* du même et unique ministère apostolique. La synodalité déborde ses frontières, comme sa synaxe embrasse l'ensemble des eucharisties et comme sa parole exprime le *sensus fidei* du peuple de Dieu en son entier »[362].

C'est ici que joue la mission de l'évêque diocésain qui préside à la communion des membres de son Église locale et veille à ce que soit garantie la communion avec les autres Églises locales catholiques.

2. L'évêque diocésain dans la communion catholique des Églises locales

Si l'Église locale ne peut être l'Église de Dieu dans l'isolement, il en est de même pour son pasteur, l'évêque, qui ne peut qu'inscrire son action pastorale dans la dynamique de la communion ecclésiale. Cette communion pastorale des évêques comme témoignage de la catholicité des Églises est coulée en termes de collégialité.

Disons que « l'évêque qui préside à la vie de l'Église locale se trouve – de par l'insertion de celle-ci et de sa *sedes* dans la "*communio Ecclesiarum*" – inséparable des autres évêques. Non seulement il forme avec eux ce qu'à la suite de Cyprien on nomme un *collegium*[363] mais la grâce de son ordination sacramentelle l'inscrit dans une relation nécessaire et constitutive à l'ensemble du corps épiscopal »[364].

C'est dans cette perspective que le deuxième concile du Vatican reconnaît à chaque évêque porteur de la charge pastorale et pleinement chef de son Église locale dans une partie concrète de l'humanité. Mais il ne la reçoit que dans la communion et la solidarité de la *sollicitudo omnium Ecclesiarum* dont l'épiscopat a la garde pour l'humanité entière[365]. On voit ici le lien avec la catholicité et ses deux registres inséparables à savoir plénitude, totalité.

À ce sujet, Tillard explique :

« De même, donc que chaque Église locale "reconnaît" dans les autres Églises sa propre identité d'authentique Église de Dieu, ce qui la rend inséparable de leur *communion*, ainsi chaque évêque reconnaît dans les autres évêques sa propre grâce et sa propre *diakonia*, ce qui le rend inséparable de leur *communion*. Il est don de l'Esprit pour la vie du corps du Christ qui est un "*corpus*

---

[362] J.-M.R. TILLARD, *L'Église locale*, p. 394.
[363] Ce terme dont l'Orient trouvera difficilement un équivalent parce qu'il n'existe pas dans sa langue classique. Il utilisera *syllogos*, parfois *synedrion* qui évoque avant tout non le collège des pasteurs mais le synode qui équivaut au latin *concilium*.
[364] J.-M.R. TILLARD, *L'Église locale*, p. 394. Pour plus d'informations à ce sujet, Tillard renvoie à l'étude d'André HALLEUX, *La collégialité dans l'Église ancienne*, dans *R.T.L.*, 24 (1993), p. 433 et aux lettres de CYPRIEN DE CARTHAGE, *Epist*, 55, 1, 1.8, 4.21, 1 (Bayard II, 131, 136, 144) ; *Epist*, 68, 4, 3 (Bayard II, 238).
[365] Cf. *L.G.*, 23 ; 26 ; 27 ; *C.D.*, 6 ; *P.O*, 7, cité par J.-M.R. TILLARD, *L'Église locale*, p. 395.

Ecclesiarum" (*LG* 23). Car cette vie a sa source dans la *communion* de toutes les communautés eucharistiques saisies dans l'une fois pour toutes de l'Église de la Pentecôte, qui vient de Dieu »[366].

C'est dans la succession apostolique que s'inscrit cette mission de l'évêque diocésain telle que notre auteur le précise : « Un unique et indivisible ministère a ainsi mission, depuis les Apôtres, de veiller sur la multitude des communautés de tous les temps et tous les lieux. L'objet de cette *diakonia* collégiale est que sans effacer leur diversité elles soient *communion* dans l'infrangible plénitude d'un seul corps »[367].

Au fait,

la « *communion* des Églises et collégialité des évêques s'appellent mutuellement. L'identité radicale de toutes les synaxes eucharistiques fonde cette corrélation essentielle. L'évêque est le *diakonos* de la présence et de la "reconnaissance" en son Église l'eucharistie qui fait les autres Églises, comme il l'est de la présence et de la "reconnaissance" en celles-ci de l'eucharistie qui fait son Église. C'est pourquoi il ne saurait être évêque sans une soudure, sacramentelle, aux autres évêques de tous les lieux et de tous les temps »[368].

De la sorte, toute forme de brisure ou de fragmentation du collège épiscopal serait une atteinte à la fois de la communion des synaxes eucharistiques et des Églises locales car l'Église locale n'existe que dans cette communion au point que chacune serait elle-même blessée par la solitude du ministre qui préside à sa vie[369]. Il n'est pas anodin le fait qu'il soit prévu, dans l'Église catholique, l'ordination d'un évêque par d'autres évêques, non au sens de lui transmettre ce dont ils sont investis mais comme reconnaissance de son élection et parce que l'élection et l'ordination de l'évêque diocésain s'inscrivent dans l'identité de l'Église locale confiée à sa charge avec les autres Églises qui sont ensemble l'Église de Dieu.

Pour cette raison, lorsqu'un évêque gouverne son Église comme une portion de l'Église entière, il contribue aussi efficacement au bien de tout le Corps mystique qui est aussi le Corps des Églises[370]. La façon dont l'Église locale sera vraiment l'Église du Christ, fidèle à l'Évangile dans sa condition et son histoire propres et dans la communion avec la totalité des autres Églises, fera d'elle la réalisation concrète de l'Église catholique dans sa vocation universelle.

En vertu de son ordination sacramentelle par d'autres évêques de l'Église catholique et de son entrée dans la succession apostolique et dans le collège épiscopal, l'évêque est collégialement responsable

---

[366] J.-M.R. TILLARD, *L'Église locale*, p. 395.
[367] J.-M.R. TILLARD, *L'Église locale*, p. 395.
[368] J.-M.R. TILLARD, *L'Église locale*, p. 395.
[369] Cf. J.-M.R. TILLARD, *L'Église locale*, p. 396.
[370] Les travaux de la COMMISSION MIXTE CATHOLIQUE ROMAINE-ORTHODOXE font écho à cette réflexion dans *Le mystère de l'Église et de l'Eucharistie à la lumière du mystère de la Trinité*, dans *D.C.*, 1838 (1982), p. 941-945.

de l'Église entière au sein d'une communion hiérarchique dont le chef est l'évêque de l'Église locale de Rome qui a connu le martyre de Pierre et Paul. Cela se traduira, bien sûr, dans la solidarité concrète entre les Églises, particulièrement en ce qui concerne les missions. Et les évêques seront invités à fournir, dans la communion universelle de la charité, un secours fraternel aux autres Églises, surtout les plus proches et les plus dépourvues.

Concluons en précisant, avec Tillard, que présider n'est pas un acte individuel car « la *communion* du collège épiscopal a son fondement ultime dans le fait qu'en chacun de ceux qui président les Églises locales, l'unique et indivisible seigneurie du Christ-Tête se sacramentalise. Dans la *diakonia* de celui que l'Esprit met "à la tête" de l'Église d'un *lieu*, la communauté qui est l'Église en un autre *lieu* "reconnaît" la présence (*LG* 21) du Seigneur qui préside à sa propre vie, par son évêque »[371]. Augustin attestait déjà cette communion catholique épiscopale à son temps en disant : « il faut que tous les pasteurs soient en un seul Pasteur, fassent entendre la voix unique du Pasteur, que les brebis l'entendent, suivent leur Pasteur, le seul et non un tel ou un tel »[372].

Conclusion partielle

Il s'est agi, dans ce troisième chapitre, de dépasser la conception d'Églises locales qui seraient des parties d'une vaste Église catholique. À l'issue d'une réflexion théologique sur la catholicité de l'Église locale, y compris celle de Rome, Tillard a abouti à cette conclusion que l'Église catholique subsiste dans l'Église locale.

Partant du surgissement de l'Église locale de Jérusalem à la suite du témoignage apostolique et de sa mission d'annoncer l'Évangile à toutes les nations, notre auteur a conclu que rien de la totalité de la grâce de Dieu ne manque à chaque Église locale en communion, à la fois sacramentelle et hiérarchique, avec les autres Églises locales.

Somme toute, chaque Église locale est catholique en ceci qu'elle vit et dit l'Évangile avec l'accent de son lieu. L'affirmation de la catholicité des Églises locales, avons-nous montré à la suite de Tillard, permet de sortir d'une universalité abstraite de l'Église et s'inscrire dans la logique de la réalisation de l'Église dans l'espace et dans le temps, avec ses dimensions uniques et singulières pour le salut de tout le genre humain selon la totalité de la grâce de Dieu.

---

[371] J.-M.R. TILLARD, *L'Église locale*, p. 396.
[372] AUGUSTIN, *Sermo* 46, 9 (CCSL 41, 535) cité par J.-M.R. TILLARD, *L'Église locale*, p. 396.

L'Église locale, ici et maintenant, est l'Église de partout et de toujours, non pas par ce qui demeurerait quand on aurait enlevé toutes les particularités, mais par la totalité de ce qu'elle vit, en tant que tout cela est vécu dans la communion de toute l'Église. C'est cette jointure qui revient entre autres à la charge pastorale de l'évêque diocésain dans sa mission de veiller, à partir de l'Église locale qui lui est confiée, à la communion de la multitude des Églises de tous les lieux et de tous les temps.

CONCLUSION GÉNÉRALE

Au terme de notre réflexion sur l'Église, communion d'Églises locales diversifiées selon J.-M.R. Tillard, il sied d'apprécier, à sa juste valeur, l'œuvre de cet auteur et donner notre point de vue sur quelques aspects qui pourraient être approfondis en ecclésiologie de communion chez Tillard. Nous terminerons par une récapitulation de ce qui a constitué le parcours de notre travail.

1. Appréciation critique

Cette appréciation est ponctuée de deux moments : nous voulons d'abord, positivement, souligner les points forts de l'ecclésiologie de communion chez Tillard et ensuite exprimer notre réserve quant aux aspects qui pourraient évoluer dans cette étude.

Positivement, Tillard centre son ecclésiologie de communion sur une approche d'accomplissement du dessein de Dieu. Ce thème qui se recoupe dans sa trilogie *Église d'Église* ; *Chair de l'Église, chair du Christ* ; *L'Église locale*, vient en tête de chacun de ces trois ouvrages. En tout état de cause, Tillard nous a fait prendre conscience qu'il n'y a rien de la réalité de l'Église qui ne soit communion avec Dieu.

C'est ainsi que l'Église entière n'est rien d'autre que la communion d'Églises de Dieu, chacune vivant et disant l'Évangile de Dieu en son lieu. En cela, Tillard nous a apporté beaucoup d'éclairages sur notre problématique de comment articuler le « local » et l'«universel » dans l'Église sans que l'un ne soit antérieur à l'autre. C'est à juste titre que nous reconnaissons, à la suite des autres commentateurs, que l'œuvre de Tillard est une contribution exceptionnelle à la réflexion ecclésiologique contemporaine[373].

En effet, « L'Église, il propose de la regarder sous l'horizon du dessein de Dieu, tel que la foi chrétienne nous le révèle. Pour lui, la parole que nous avons reçue sur l'Église nous la révèle comme "communion", comme "réalisation du mystère", comme "sacrement" du Royaume »[374].

C'est par la suite que Tillard mène une réflexion sur l'Église comprise comme Peuple de Dieu en communion avant de l'envisager dans sa réalisation à travers le service de la communion. C'est ici que notre auteur se révèle fidèle à l'héritage du concile Vatican II dont la *Constitution dogmatique*

---

[373] Cf. Lorraine CAZA, *Le théologien*, dans Gillian R. EVANS et Michel GOURGUES (éd.), *Communion et réunion. Mélanges J.-M.R. Tillard*, p. 32.
[374] Lorraine CAZA, *Le théologien*, dans Gillian R. EVANS et Michel GOURGUES (éd.), *Op. Cit.*, p. 39.

sur l'Église "Lumen Gentium" situe l'Église dans la perspective du mystère du dessein de Dieu et de l'Église, Peuple de Dieu avant de présenter sa constitution hiérarchique[375].

Il est, par ailleurs, très caractéristique chez Tillard, le thème de la "reconnaissance". Pour lui, c'est par la reconnaissance de la singularité et de la spécificité de l'autre qu'une voie de sortie de la tension entre communion et différence est possible. Nous sommes de cet avis que loin d'être une menace, la différence constitue une richesse pourvu que la particularité ne soit pas absolutisée. C'est ce qu'un théologien congolais exprimait en disant que chez Tillard la communion fait l'Église et que la différence en constitue un élément. Cette différence est une richesse dans laquelle la catholicité prend corps[376].

Il faut aussi noter que Tillard fait constamment références aux Pères de l'Église. L'on ne peut lire ses ouvrages sans se rendre compte combien il maîtrise le dossier patristique et les sources liturgiques. Point n'est besoin de rappeler que c'est cela qui constitue son plaidoyer dans *Chair de l'Église, chair du Christ* de 1992. C'est sans ambages qu'il montre comment au temps de l'Église indivise – avant 451 – des voix comme celles d'Augustin, en Afrique, de Jean Chrysostome à Antioche et de Cyrille à Alexandrie, ont affirmé hautement et articulé vigoureusement le lien intime entre l'Eucharistie et le mystère de l'Église[377].

De la sorte, l'on ne s'étonne pas que la synaxe eucharistique occupe une place de choix dans toute l'œuvre de Tillard. Il dira que « la communion ecclésiale à la fois s'exprime en sa visibilité et se construit en sa profondeur dans l'acte de l'Église par excellence qu'est l'Eucharistie »[378]. En plus de l'élément « Eucharistie », Tillard a le mérite d'avoir explicité le rôle de l'évêque dans la communion ecclésiale. En effet, l'évêque a la responsabilité de veiller à l'unité visible de tous les membres de la communauté ecclésiale et à la communion avec les autres Églises locales. De ce point de vue, notre auteur reste d'actualité au sens où, après lui, d'autres voix se sont élevées pour l'affirmer. Plus proche de nous le professeur Joseph Famerée affirme : « l'évêque exerce un ministère d'unité ou de communion et veille à la fidélité de son Église à la Tradition apostolique. L'Église est le plus pleinement manifestée dans l'assemblée eucharistique du peuple de Dieu uni à son évêque »[379].

---

[375] Cf. *L.G.,* 1-29.
[376] Cf. Ignace NDONGALA MADUKU, *Pour des Églises régionales en Afrique*, Paris, Karthala, 1999, p. 206.
[377] Cf. Lorraine CAZA, *Le théologien*, dans Gillian R. EVANS et Michel GOURGUES (éd.), *Op. Cit.*, p. 33.
[378] J.-M.R. TILLAD, *Église d'Églises*, p. 57.
[379] Joseph FAMERÉE, *Ecclésiologie catholique. Différences séparatrices et rapprochements avec les autres Églises*, dans *R.T.L.*, 33 (2002), p. 28-60, ici p. 47.

Cependant, tout en reconnaissant les mérites de ce théologien français dans ce qui constitue l'essentiel de son ecclésiologie de communion, nous gardons quelques réserves quant à la présentation de ses ouvrages[380].

Tout compte fait, Tilard nous a offert une réflexion très documentée sur l'Église. Nous ne pouvons pas prétendre avoir épuisé la quintessence de son œuvre sur l'ecclésiologie de communion. Nous voulons à présent récapituler ce que nous avons pu retenir d'essentiel par rapport au sujet de notre travail.

2. Récapitulation

Trois grandes étapes ont constitué notre parcours dont l'objectif était de comprendre comment, dans l'ecclésiologie de communion chez Tillard, l'Église de Dieu est communion d'Églises locales diversifiées.

Premièrement, nous avons réfléchi, à la suite de Tillard, sur la notion d'Église. Dans cette étape, nous avons découvert qu'on ne peut comprendre ce qu'est l'Église sans recourir à ses origines les plus lointaines à savoir Israël. Dans son œuvre ecclésiologique, avons-nous constaté, Tillard s'évertue à explorer les rapports Israël-Église en vue de situer la naissance de celle-ci dans l'événement de la Pentecôte qui est accomplissement du *Qahal* hébreu. Ainsi l'Église vit de l'écoute de la Parole de Dieu qu'elle doit annoncer à toutes les nations. De cette annonce, l'Église qui est en un lieu ouvre d'autres peuples à la même promesse du salut de Dieu. Pour cela, elle tient sa catholicité, non par son extension géographique mais parce qu'elle rassemble tous les hommes et toutes les femmes du monde entier dans la communion à la plénitude de la grâce divine.

C'est ce thème de la communion qui nous a, deuxièmement, occupé en l'abordant sous l'angle de l'unité des Églises locales diversifiées. Après avoir élucidé le concept-clé de « communion » et l'expression « Église locale », nous avons montré que chez Tillard, la différence des Églises locales ressort du dessein de Dieu qui veut que sa Parole soit annoncée en tout lieu (cf. Mt 28,19-20). Ainsi la notion de « communion » est inséparable de celle de la « différence ». En fait, nous nous sommes

---

[380] En lisant Tillard, on se rend compte que les thèmes s'enchevêtrent les uns après les autres au risque de perdre le fil d'idée. À titre illustratif, dans son *Église d'Églises*, il passe du thème de la synaxe eucharistique comme lieu visible de la communion des Églises (p. 54-64) à celui du scandale de la division survenue dans l'Église (p. 65 ss), et n'y reviendra, dans le même ouvrage, en termes de l'Église rassemblée et qui rassemble, qu'à la page 312. Dans le même ordre d'idées, la numérotation des paragraphes, dans son *Église d'Églises* laisse quelque peu à désirer. Alors qu'il a annoncé à la page 14 que les références aux textes patristiques sont renvoyées aux lettres a, b, c, d, e, à l'*excursus*, p. 102-111, il cite un texte d'Augustin en bas de page 62, note 91. Disons aussi que notre auteur ne fait aucune allusion à la participation des femmes aux ministères ordonnés alors qu'il consacre de nombreuses pages à l'Église des baptisés dans *L'Église locale*, p. 301-375.

rendu compte que si la communion fait l'Église, la différence en constitue un élément et du coup, elle devient une richesse dans laquelle la catholicité prend corps.

Au final, l'affirmation de la communion des Églises locales équivaut à la reconnaissance de la spécificité comme voie de sortie de la tension existentielle entre communion et différence. À ce stade, nous avons conclu que la diversité des traditions et le pluralisme d'expressions n'altère rien de l'unité de la foi. D'où l'importance des lieux expressifs de la communion des Églises locales à savoir la synaxe eucharistique et le ministère du Serviteur des serviteurs de Dieu, en tant qu'évêque de Rome, cette Église locale qui a connu le martyre des apôtres Pierre et Paul.

Enfin, notre dernière étape a consisté en une réflexion sur ce qui fait la catholicité de chaque Église locale. Il s'est avéré que chez Tillard, l'Église locale tient son identité catholique de ce qu'elle s'inscrit dans la totalité (*katholou*) de la grâce de Dieu. Nous avons retenu que l'Église universelle est immanente à l'Église locale dans la communion à la fois eucharistique et hiérarchique. Et, dans le même temps, l'Église locale qui célèbre le Mémorial du Seigneur est sacramentellement communion de l'Église en sa totalité, une totalité qui embrasse tous les temps, tous les lieux et toutes les situations. Pour cette raison, les Pasteurs qui ont la charge de conduire le Peuple de Dieu doivent faire preuve de communion dans leur ministère pastoral.

En disant cela, nous ne prétendons pas avoir épuisé la thématique de l'ecclésiologie de communion chez Tillard. Il est vrai que la lecture de son œuvre nous a sensibilisé au fait que notre Église locale est pleinement catholique en communion avec les autres Églises locales disséminées dans le monde. Pour cela, nous proposerons que soient mis en place, dans notre Église locale, des organes institutionnels qui répondent à cette nature d'Église-communion. Somme toute, une double dimension pneumatologique et sotériologique de la communion ecclésiale pourrait faire objet d'étude et de recherche sur l'œuvre de Tillard.

BIBLIOGRAPHIE[381]

1. Écritures Saintes

Traduction œcuménique de la Bible, t. 1 : *Nouveau Testament*, Paris, Cerf, 1972.
Traduction œcuménique de la Bible, t. 2 : *Ancien Testament*, Paris, Cerf, 1975.
Nouveau Testament interlinéaire Grec/Français, Paris, Société biblique française, 1993.

2. Documents du magistère

BENOÎT XVI, *L'Église visage du Christ. Catéchèse sur l'Église des apôtres*, Paris, Cerf, 2007.
CONGRÉGATION POUR LA DOCTRINE DE LA FOI, *L'Église comprise comme communion*, Paris, Cerf, 1993.
Code de droit canonique. Bilingue et annoté, 3ème éd. enrichie et mise à jour, Montréal, Wilson et Lafleur, 2007.
JEAN-PAUL II, *Lettre encyclique Ut unum sint*, Paris, Cerf, 1995.
JEAN-PAUL II, *L'Église en Afrique et sa mission évangélisatrice vers l'an 2000. Exhortation apostolique Ecclesia in Africa*, Paris, Téqui, 1995.
FRANÇOIS, *Lettre encyclique Lumen fidei*, Namur, Fidélité, 2013.
FRANÇOIS, *Exhortation apostolique Evangelii Gaudium*, Namur, Fidélité, 2013.
SECRÉTARIAT POUR L'UNITÉ DES CHRÉTIENS, *La collaboration œcuménique au plan régional, au plan national et au plan local*, dans *D.C.*, 1680 (1975), p. 663-677.
VATICAN II, *Les seize documents conciliaires*, Québec, Fides, 2001.

3. Ouvrages et articles de J.-M.R. TILLARD

-*L'évêque de Rome*, Paris, Cerf, 1982.
-*Église d'Églises. L'ecclésiologie de communion*, (Cogitatio Fidei, 143), Paris, Cerf, 1987.
-*Chair de l'Église, chair du Christ. Aux sources de l'ecclésiologie de communion*, (Cogitatio Fidei, 168), Paris, Cerf, 1992.
-*L'Église locale. Ecclésiologie de communion et catholicité*, (Cogitatio Fidei, 191), Paris, Cerf, 1995.
-*Je crois en dépit de tout. Entretiens d'hiver avec Francesco Strazzari*, Paris, Cerf, 2001.
-*Communion*, dans *Dictionnaire critique de la théologie*, Paris, P.U.F., 1998, p. 236-242.
-*L'horizon de la primauté de l'évêque de Rome*, dans *P.O.C.*, 24 (1975), p. 217-244.
-*Vatican II et l'après-concile : espoirs et contraintes*, dans ALBERIGO Giuseppe (éd.), *Les Églises après Vatican II. Dynamisme et prospective. Actes du colloque international de Bologne 1980*, (Théologie historique, 61), Paris, Beauchesne, 1981, p. 347-360.
- *Les sacrements de l'Église*, dans LAURET Bernard et REFOULÉ François (éd.), *Initiation à la pratique de la théologie*, t. 3, Paris, Cerf, 1983, p. 385-466.
-*Le local et l'universel dans l'Église de Dieu*, dans *P.O.C.*, 37 (1987), p. 225-235.
-*Conférences épiscopales et catholicité de l'Église*, dans *Cristianesimo nelle storia*, Bologne, 9 (1988), p. 523-539.

---

[381] Nous présentons cette bibliographie dans l'ordre alphabétique de noms d'auteurs ou de premières lettres des titres, exceptée la section « ouvrages et articles de J.-M.R. Tillard.

-*L'universel et le local. Réflexion sur l'Église universelle et Églises locales*, dans *Irénikon*, 61 (1988), p. 28-40.

-*Vers une profession de foi commune*, dans *D.C.*, 75 (1978), p. 988-992.

4. Dictionnaires et encyclopédies

Catholicisme. Hier, aujourd'hui, demain, t. 3, Paris, Letouzey et Ané, 1952, c. 1408-1430.

EICHER Peter (éd.), *Nouveau dictionnaire de théologie*, Paris, Cerf, 1996, 2ème éd.

LACOSTE Jean-Yves (éd.), *Dictionnaire critique de la théologie*, Paris, P.U.F., 2007, 3ème éd. revue et augmentée.

LATOURELLE René et FISICHELLA Rino (éd.), *Dictionnaire de théologie fondamentale*, Paris-Montréal, Cerf-Bellarmin, 1992.

5. Autres ouvrages

BIRMELÉ André, *La communion ecclésiale. Progrès œcuméniques et enjeux méthodologiques*, Paris-Genève, Cerf-Labor et fides, 2000.

BOEGLIN Jean-Georges, *Pierre dans la communion des Églises. Le ministère pétrinien dans la perspective de l'Église-communion et de la communion des Églises*, Paris, Cerf, 2004.

COMMISSION THÉOLOGIQUE INTERNATIONALE, *L'unique Église du Christ*, Paris, Centurion, 1985.

COMMISSION INTERNATIONALE CATHOLIQUE-LUTHÉRIENNE, *Face à l'unité : l'ensemble des textes adoptés (1972-11985)*, Paris, Cerf, 1986.

DUJARIER Michel, *L'Église-fraternité*, Paris, Cerf, 1991.

DUJARIER Michel, *Visages de la vie de l'Église*, Paris, Bayard, 1995.

EVANS Gillian-Rosemary et GOURGUES Michel, *Communion et réunion. Mélanges Jean-Marie Roger Tillard*, Leuven University press, 1995.

GROUPE DES DOMBES, *Pour la communion des Églises : l'apport du groupe des Dombes 1937-1987*, Paris, Le Centurion, 1988.

GROUPE DES DOMBES, *Pour la conversion des Églises : identité et changement dans la dynamique de communion*, Paris, Le Centurion, 1991.

GROUPE PAROLES, *Une Église pour le XXème siècle*, Paris, Bayar/DDB, 2001.

NDONGALA MADUKU Ignace, *Pour des Églises régionales en Afrique*, Paris, Karthala, 1999.

6. Articles de revues et d'ouvrages collectifs

BORRAS Alphonse, *Délibérer en Église : communion ecclésiale et fidélité évangélique*, dans *N.R.T.*, 132 (2010), p. 177-196.

CASA Lorraine, *L'Eucharistie fait l'Église. La certitude-phare de Jean-Marie Roger Tillard depuis l'Eucharistie pâque de l'Église (1964) jusqu'à je crois en dépit de tout (2001)*, dans *Science et Esprit*, 61 (2009), p. 117-135.

FAMERÉE Joseph, *Compte-rendu de Michel DUJARIER, L'Église-fraternité*, t. 1, Paris, 1991, dans *R.H.E.*, 87 (1992), p. 550-551.

FAMERÉE Joseph, *Le ministère de l'évêque de Rome. Une perspective œcuménique, R.T.L.*, 28 (1997), p. 54-78.

FAMERÉE Joseph, *La collégialité au synode extraordinaire de 1969. Un premier conflit d'interprétations de Vatican II*, dans ROUTHIER Gilles et JOBIN Guy, *L'autorité et les autorités. L'herméneutique théologique de Vatican II*, Paris, Cerf, 2010, p. 95-123.

FAMERÉE Joseph, *Ecclésiologie catholique. Différences séparatrices et rapprochements avec les autres Églises*, dans *R.T.L.*, 33 (2002), p. 28-60.

HALLEUX André., *Pour la communion des Églises*, dans *R.T.L.*, 22 (1991), p. 111-112.

TOURNEUX André., *L'évêque, l'eucharistie et l'Église locale dans Lumen Gentium 26*, dans *E.T.L.*, 64 (1988), p. 106-141.

7. Liens et site internet

http://www.editionsducerf.fr/html/fiche/ficheauteur.asp?n_aut=115&id_theme=3&id_cat=315(consulté le 3 octobre 2013).

MAILHIOT Dominique, Biographie du Père Jean-Marie Roger TILLARD, en ligne : http://www.ipastorale.ca/ressources/partnr/varia/Jean-Marie%20Roger%20Tillard,%20o.p.%20%281927-2000%29.pdf, (consulté le 3 octobre 2013).

TABLE DES MATIÈRES

INTRODUCTION GÉNÉRALE..1

A. Avant-propos...1

B. Vie et œuvres de Jean-Marie Roger Tillard....................................3
1. Vie familiale...3
2. Études..4
3. Théologien et professeur..5

Chap. I. LA NOTION D'ÉGLISE CHEZ JEAN-MARIE R. TILLARD.....8

Introduction..8

A. La notion d'Église de Dieu..9
1. Aux sources des premières communautés chrétiennes.....................10
2. Contexte de Surgissement de l'Église de Dieu............................11
    a. L'événement de Pentecôte...11
    b. La cellule mère de l'Église.......................................12
3. L'Église de Dieu dans les Actes des Apôtres.............................14

B. L'Église, unique peuple de Dieu...17
1. Rapprochements entre l'Église de Dieu et Israël.........................19
    a. Les Douze..19
    b. Le reste..19
    c. Peuple en communion à la compassion de Dieu.....................20
    d. Peuple en marche vers la perfection................................21
2. Un peuple de la foi...23
3. Un peuple en dialogue avec Dieu..23
4. Un peuple qui vit de la Parole de Dieu...................................24

C. La catholicité de l'Église : Problème de fondement........................26

Conclusion partielle...31

Chap. II. LA COMMUNION D'ÉGLISES LOCALES POUR L'UNITÉ DANS LA DIVERSITÉ..**33**

Introduction...33

A. Précisions terminologiques...34
1. Le concept de communion...35
2. De l'expression « Église locale »..36

B. La communion trinitaire fondement de la communion ecclésiale.............................39

C. Communion et différence..42
1. De la différence des membres d'un seul corps.........................42
2. Au-delà de la tension entre communion et différence................45
3. La communion ecclésiale : l'unité dans la diversité..................46

    a. L'Église locale, ministre de l'unité....................................47

    b. La communion d'Églises locales et le salut.........................49

    c. Solidarité des fidèles dans l'Église-communion...................50

D. Lieux expressifs de la communion des Églises locales.................52
1. La communion des Églises locales dans la synaxe eucharistique.............52
2. L'évêque de Rome : serviteur des serviteurs de Dieu dans la communion des Églises........56

Conclusion partielle...59

Chap. III. LA CATHOLICITÉ DES ÉGLISES LOCALES....................**60**

Introduction...60

A. Église de Dieu en un lieu et catholicité....................................61
1. Catholicité de l'Église née à Jérusalem..................................62
2. Catholicité des Églises nées de la mission au premier siècle du christianisme.............64
3. Catholicité et communion des Églises locales.........................65
B. L'Église locale dans la totalité du dessein de Dieu....................68

1. L'Église locale dans le dessein de Dieu...68

2. Catholique parce que locale...71

    a. Lieu d'écoute de la Parole de Dieu...72

    b. Lieu de la prière universelle..74

    c. L'Église locale, nœud des chemins du salut.................................75

3. Catholique parce que « de Dieu »...76

C. Communion catholique des Églises locales..77

1. Églises locales en communion...78

2. L'évêque diocésain dans la communion catholique des Églises locales.....................81

Conclusion partielle...83

CONCLUSION GÉNÉRALE..**85**

1. Appréciation critique...85

2. Récapitulation...87

BIBLIOGRAPHIE..**89**

TABLE DES MATIÈRES..**92**

 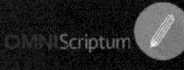